Christian Lange

Honorarberatung in der Altersvorsorge

Wie ein alternativer Beratungsansatz zum Erfolg führt

Diplomica Verlag GmbH

Lange, Christian: Honorarberatung in der Altersvorsorge: Wie ein alternativer Beratungsansatz zum Erfolg führt. Hamburg, Diplomica Verlag GmbH 2013

Buch-ISBN: 978-3-8428-9505-8
PDF-eBook-ISBN: 978-3-8428-4505-3
Druck/Herstellung: Diplomica® Verlag GmbH, Hamburg, 2013

Bibliografische Information der Deutschen Nationalbibliothek:
Die Deutsche Nationalbibliothek verzeichnet diese Publikation in der Deutschen Nationalbibliografie; detaillierte bibliografische Daten sind im Internet über http://dnb.d-nb.de abrufbar.

Das Werk einschließlich aller seiner Teile ist urheberrechtlich geschützt. Jede Verwertung außerhalb der Grenzen des Urheberrechtsgesetzes ist ohne Zustimmung des Verlages unzulässig und strafbar. Dies gilt insbesondere für Vervielfältigungen, Übersetzungen, Mikroverfilmungen und die Einspeicherung und Bearbeitung in elektronischen Systemen.

Die Wiedergabe von Gebrauchsnamen, Handelsnamen, Warenbezeichnungen usw. in diesem Werk berechtigt auch ohne besondere Kennzeichnung nicht zu der Annahme, dass solche Namen im Sinne der Warenzeichen- und Markenschutz-Gesetzgebung als frei zu betrachten wären und daher von jedermann benutzt werden dürften.

Die Informationen in diesem Werk wurden mit Sorgfalt erarbeitet. Dennoch können Fehler nicht vollständig ausgeschlossen werden und die Diplomica Verlag GmbH, die Autoren oder Übersetzer übernehmen keine juristische Verantwortung oder irgendeine Haftung für evtl. verbliebene fehlerhafte Angaben und deren Folgen.

Alle Rechte vorbehalten

© Diplomica Verlag GmbH
Hermannstal 119k, 22119 Hamburg
http://www.diplomica-verlag.de, Hamburg 2013
Printed in Germany

Inhaltsverzeichnis

1	Einleitung	4
1.1	Themenfindung	4
1.2	Abgrenzung und Ziele der Untersuchung	5
2	**Einführung in die Versicherungsbranche**	**7**
2.1	Kurzvorstellung der Vergütungsmodelle	12
2.2	Die verschiedenen Akteure der Versicherungsbranche	14
2.3	Formen von Altersvorsorgeprodukten	16
3	**Rahmenbedingungen der Honorarfinanzberatung**	**20**
3.1	Kundenbereitschaft zur Honorarzahlung	20
3.2	Rechtliche Rahmenbedingungen der Honorarberatung	21
3.3	Das Potenzial eines neuen Beratungsansatzes	25
3.3.1	Transparenz und Kostenstruktur des klassischen Modells	25
3.3.2	Versicherungsprodukte auf Nettobasis	30
3.3.3	Erkenntnisse aus der Kapitalanlage	32
3.3.4	Der Misserfolg aktiver Vermögensverwaltung	36
3.3.5	Umsetzung einer passiven Anlagestrategie	41
3.4	Bewertung	47
4	**Auswirkungen**	**48**
4.1	Vor- und Nachteile für Versicherungsnehmer	48
4.2	Bedeutung für den Berater	52
4.3	Chancen und Hindernisse für neue Produktanbieter	57
5	**Entwicklungstendenzen**	**58**
6	**Fazit**	**67**
	Anhang	69
	Literaturverzeichnis	80

Abbildungsverzeichnis

Abbildung 1: Aufbau dieses Fachbuchs..6

Abbildung 2: Sinkendes Rentenniveau..9

Abbildung 3: Zukünftige Vertriebsschwerpunkte von Versicherungsmaklern...........19

Abbildung 4: Wertentwicklung eines Vermögens mit verschiedenen Kostenbelastungen..........26

Abbildung 5: Empirische Studien zur Performance von Finanzprofis 39

Abbildung 6: Minderung der Rendite durch die Transaktionshäufigkeit..................41

Abbildung 7: Aktives und passives Investieren im Vergleich...................................42

Abbildung 8: Anlagevolumen von Exchange Traded Funds (ETFs)........................45

Abkürzungsverzeichnis

BGB	Bürgerliches Gesetzbuch
BGH	Bundesgerichtshof
CRSP	Center for Research in Security Prices
ETF	Exchange Traded Fund
Gem.	Gemäß
GewO	Gewerbeordnung
HGB	Handelsgesetzbuch
i. d. R.	In der Regel
p.a.	Per Anno
RDG	Rechtsdienstleistungsgesetz
RIY	Reduction in Yield (Renditeminderung durch Kosten)
Sog.	Sogenannte
TER	Total Expense Ratio
u.a.	Unter anderem

1 Einleitung

1.1 Themenfindung

Um einem Kunden ein Anlageprodukt vermitteln zu können, welches zu seiner Situation und Risikobereitschaft passt, braucht ein Finanzberater fundierte und aktuelle Kenntnisse über den Finanzmarkt. Für den Aufwand einer sorgfältigen Analyse und die Umsetzung einer umfangreichen Beratung erwartet er zu Recht eine angemessene Vergütung. Diese erhält der Berater im klassischen Modell durch Zahlungen des Produktanbieters. Kosten wie Abschluss-, Verwaltungs- und Transaktionskosten werden durch den Anbieter eingenommen und zu einem Teil an den Vermittler weitergeleitet. An diesem Modell wird immer wieder Kritik geübt. Die Hauptkritikpunkte sind unklare Kostenstrukturen, unverständliche Produktinformationen und durch das Modell entstehende Fehlanreize. Der Schaden, der daraus resultierenden Falschberatung, liegt nach einem aktuellen Gutachten des Finanzwissenschaftlers Professor Andreas Oehler bei über 50 Milliarden EUR pro Jahr.[1] Insbesondere weil Produkte mit intransparenten Kosten- und Risikostrukturen auch in der Finanz- und Wirtschaftskrise eine bedeutende Rolle spielten, gewinnt die alternative Beratungsform *Honorarberatung* immer mehr an Bedeutung. Kunden von Privatbanken, Sparkassen und Genossenschaftsbanken werden wohl noch längere Zeit nicht in den Genuss eines alternativen Beratungsansatzes kommen, da dessen Umsetzung aus vielen Gründen bisher nicht realisiert werden soll und kann. Die Entscheidungsträger sind sich jedoch sicher, die Honorarberatung ist auch im Bankensektor durchsetzbar und wird sich langfristig zu einem strategisch wichtigen Standard entwickeln.[2] Erfahrungen damit gibt es bereits. In der Versicherungsbranche dagegen, steht die Honorarberatung noch in den Anfängen. Hier gibt es sehr große Chancen für Privatkunden, Berater und Produktanbieter von der neuen Art der Finanzberatung zu profitieren.

---

[1] Vgl. Handelsblatt: Schlechte Altersvorsorge kostet 50 Milliarden, elektronisch veröffentlicht [http://www.handelsblatt.com/finanzen/recht-steuern/anleger-und-verbraucherrecht/riester-lebenpolicen-immobilien-schlechte-altersvorsorge-kostet-50-milliarden-/v_detail_tab_print/7562862.html] Stand: 07.01.2013

[2] Vgl. Die Bank: Erfolgsfaktoren der Honorarberatung, elektronisch veröffentlicht [http://www.die-bank.de/banking/erfolgsfaktoren-der-honorarberatung] Stand: 01.11.2011

1.2 Abgrenzung und Ziele der Untersuchung

Das vorliegende Fachbuch thematisiert ausschließlich die Finanzberatung im Bereich der Altersvorsorge (Honorarfinanzberatung). Im Vordergrund der Untersuchung stehen Versicherungsprodukte und die freien Finanzvermittler, die unter den verschiedensten Bezeichnungen firmieren. Im Ausland unterscheiden sich die Strukturen der Versicherungsbranche grundlegend von den deutschen Verhältnissen, daher wird nur ergänzend auf einige europäische Nachbarländer eingegangen. Grundsätzlich stehen Anlegern eine Vielzahl von Produkten zur Verfügung. Für die Darstellung von Vor- und Nachteilen der Honorarfinanzberatung bieten sich langfristige Versicherungsverträge mit laufender Beitragszahlung an. Der Schwerpunkt wird aus diesem Grund auf Fondsgebundene Rentenversicherungen liegen.[3] Im Rahmen dieser Untersuchung soll die Frage beantwortet werden, ob die Honorarberatung in der Versicherungsbranche bereits heute erfolgreich umgesetzt werden kann und welche Auswirkungen durch eine Umsetzung entstehen.

Im ersten Hauptteil (Kapitel 2) erfolgt eine Einführung in die Versicherungswirtschaft. Einige Erläuterungen zur Notwendigkeit privater Vorsorge, dem Ansehen der Branche, der Komplexität der Finanzwirtschaft, sowie zur Bedeutung der Kundenbindung dienen dem Gesamtverständnis und sind daher die Basis für weitere Überlegungen. Abgeschlossen wird das Kapitel mit einer Kurzvorstellung der Beratungsmodelle Provisions- und Honorarberatung, einem Einblick in die verschiedenen Vermittlertypen und grundsätzlichen Informationen zu Risiko- und Rentenversicherungen. Im zweiten Hauptteil (Kapitel 3) werden die Rahmenbedingungen der Honorarfinanzberatung untersucht. Dargestellt wird, welche Umstände gegeben sein müssen, damit eine Finanzberatung gegen Honorar rechtlich zulässig ist und gelingen kann.

---

[3] Vgl. Anhang 1: „Anlageformen auf einen Blick" in: Stiftung Warentest: Anlageformen auf einen Blick, elektronisch veröffentlicht [www.test.de/themen/versicherung-vorsorge/special/Altersvorsorge-Optimal-abgesichert-1163087-1197602/] Stand: 15.10.2011

In diesem Zusammenhang wird auch auf sogenannte Nettoprodukte und passive Investmentfonds eingegangen. Im dritten Hauptteil (Kapitel 4) werden die Auswirkungen der Honorarberatung auf den Kunden, die Berater und Produktanbieter aufgezeigt. Positive und negative Aspekte werden festgestellt und bewertet. Das Buch wird mit einem Ausblick in eine mögliche Zukunft der Honorarfinanzberatung sowie einem Fazit abgeschlossen.

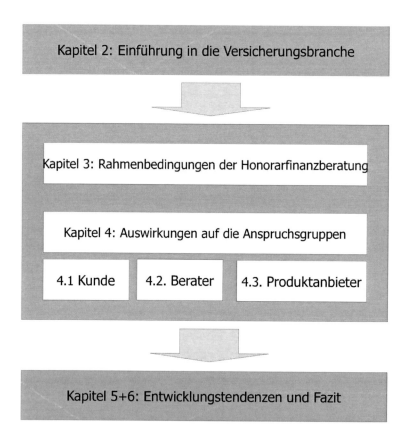

Abbildung 1: Aufbau dieses Fachbuchs

2 Einführung in die Versicherungsbranche

Grundlegende Kenntnisse zum Versicherungswesen

Eine Betrachtung des Wortes Versicherung ergibt, dass Sicherung und Sicherheit zentrale Inhalte des Begriffes sind.[4]

Die Absicherung von unkalkulierbaren Risiken und die gezielte Schaffung von Sicherheit zu einem bestimmten Zeitpunkt sind zentrale Aufgaben einer Versicherung. Der Wunsch nach finanzieller Absicherung von unerwarteten Schadensfällen entspricht dem menschlichen Bedürfnis nach Sicherheit und Planbarkeit. Besonders der wirtschaftende Mensch ist bemüht, drohenden Gefahren entgegenzuwirken und Gefahrenereignisse hinsichtlich ihrer Auswirkung einzugrenzen. Den bewussten Umgang mit drohenden Gefahren bezeichnet man auch als Risikobewältigung. Tritt ein finanzieller Schaden ein, hat grundsätzlich jeder selbst die wirtschaftlichen Einbußen zu tragen.[5] Eine Abwälzung des finanziellen Risikos ist in den Fällen möglich, wo Risiken von bestehenden staatlichen Vorsorge-Systemen übernommen werden.[6] Ergänzend dazu können Schäden auf eine Versicherung finanziell übertragen werden, indem zuvor eine Fremdfinanzierung stattgefunden hat. Tritt ein Gefahrenereignis ein, können die versicherten Wirtschaftseinheiten auf das vorhandene Finanzpotenzial zugreifen, um die finanziellen Folgen auszugleichen.[7] Versicherungsschutz hat vor allem dann eine große soziale Bedeutung, wenn der Eintritt eines Schadens eine existenzielle Bedrohung für ein Individuum darstellt.[8] Im Rechtssinne bedeutet der Versicherungsschutz ein Leistungsversprechen für den Fall des Eintritts, eines im Versicherungsvertrag oder im Gesetz berücksichtigten Ereignisses.[9]

---

4 Vgl. Gerling, Rolf: Ein Marketing-Konzept für Industrieversicherer, Bern/Stuttgart, 1986, S.23
5 Vgl. Lukarsch, Gerhard: Formen des Versicherungsschutzes, 2. Auflage, Wiesbaden 1996, S.68
6 Vgl. Koch, Peter: Versicherungswirtschaft, Karlsruhe 1998, S.27
7 Vgl. Lukarsch, Gerhard: Formen des Versicherungsschutzes, Wiesbaden 1996, S.36, S.69
8 Vgl. Koch, Peter: Versicherungswirtschaft, Karlsruhe 1998, S.23
9 Vgl. Lukarsch, Gerhard: Formen des Versicherungsschutzes, Wiesbaden 1996, S.17

Im Bereich der Wirtschaftswissenschaften hat sich dagegen folgende Definition durchgesetzt:

> *„Nach der für wirtschaftswissenschaftliche Erklärungen vorherrschenden Bedarfstheorie ist (in der kürzesten Fassung) Versicherung Deckung eines im Einzelnen ungewissen, insgesamt aber geschätzten Mittelbedarfs auf der Grundlage des Risikoausgleichs im Kollektiv und in der Zeit."*[10]

Versicherungsschutz kann als Produkt angesehen werden, welches gegen einen Preis in der Höhe der Bruttoprämie angeboten wird. Ein Versicherungsschutz wird analog zur Sachgüterindustrie durch die Kombination von Produktionsfaktoren hergestellt. Das entstehende Produkt ist nicht greifbar, knapp und von Nutzen. Es wird folglich auch als immaterielles Wirtschaftsgut bezeichnet.[11] Die Vermittlung von Versicherungsprodukten stellt dagegen eine Dienstleistung dar.

Versicherungsprodukte für die Altersvorsorge

Der Schwerpunkt meiner Untersuchung wird auf Versicherungsprodukte unter dem Aspekt der Altersvorsorge liegen. Ein wichtiger Grund für eine private Altersvorsorge ist das stetig sinkende Rentenniveau in Deutschland. Der Gesetzgeber hat das Bruttorentenniveau in der gesetzlichen Rentenversicherung deutlich reduziert. Es fällt von 48 Prozent im Jahr 2003 auf etwa 40 Prozent im Jahr 2030, beziehungsweise 38,4 Prozent im Jahr 2040.[12] Den Ausgleich dieser durch Absenkung des Rentenniveaus und Besteuerung der Renten verursachten Einbußen im Alter soll der Bürger selbst organisieren, indem er private Altersvorsorgeprodukte abschließt.[13]

---

10 Farny, Dieter: Versicherungsbetriebslehre, 4. Auflage, Karlsruhe 1995, S.13
11 Vgl. Karten, Walter: Versicherungsbetriebslehre, Karlsruhe 2000, S.376
12 Vgl. Bundesministerium für Gesundheit und Soziale Sicherung: Nachhaltigkeit in der Finanzierung der sozialen Sicherungssysteme, Berlin 2003, S.106
13 Vgl. Ortmann, Mark: Kostenvergleich von Altersvorsorgeprodukten, Baden-Baden 2010, S.21

Höhe der Rente, die ein Durchschnittsverdiener nach 45 Arbeitsjahren erhält, gemessen am jeweiligen Durchschnittseinkommen in Prozent. Eigene Darstellung nach „Welt Kompakt"[14]

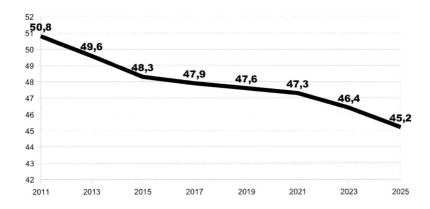

Abbildung 2: Sinkendes Rentenniveau

Die negative Entwicklung ist zu großen Teilen auf den demografischen Wandel zurückzuführen. Bereits im Jahr 2003 wurde auf die Notwendigkeit gravierender Anpassungsmaßnahmen in den staatlichen Sozialsystemen aufmerksam gemacht. Im Rahmen der Diskussionen um die Reformen der gesetzlichen Rentenversicherung wurde festgestellt, dass vier Personen im erwerbstätigen Alter einen Rentner finanzierten. Im Jahr 2033 werden lediglich noch zwei Erwerbstätige einem Rentner gegenüberstehen.[15] Rückläufige Geburtenraten, eine steigende Lebenserwartung und damit einhergehende längere Rentenbezugszeiten, werden diese Entwicklung verlängern.

Das Ansehen der Branche

Die Versicherungsbranche hat noch immer ein schlechtes Image. Dazu tragen insbesondere die großen Unternehmen bei. Ein aktuelles Beispiel stellt die Ergo Versicherungsgruppe AG dar. Mit viel Neugierde und hohen Erwartungen beobachteten Verbraucher und Branchenkenner die Entwicklung des Unternehmens, nachdem es im Jahr 2010 für eine umfangreiche Versicherungs-

---

14 Vgl. Welt Kompakt (Hrsg.): Der Rentenschock ist sicher, 2011, S.19
15 Vgl. Fester, Thomas; Thum, Marcel: Pensionslasten – Bedrohung der zukünftigen Handlungsfähigkeit der Länder, München 2003

kampagne 50 Millionen Euro investierte.[16] Unter dem Motto „Versichern heißt verstehen" warb der Versicherer mit leicht verständlichen Produkten und außergewöhnlicher Transparenz. Doch die angekündigte Transparenz-Offensive wurde bis heute nicht konsequent umgesetzt. Inzwischen erlitt das Unternehmen durch das Angebot von teuren und falsch ausgestellten Verträgen, sowie Vergnügungsreisen auf Kosten der Versicherten, einen hohen Reputationsschaden.[17] Ein anderes Beispiel stellt der Finanzdienstleister AWD dar. Hier sorgt die enge Verbindung zur Politik bei Verbrauchern für Misstrauen.[18] Hinzu kommt das geringe Ansehen des Versicherungsvermittlers selbst. Fast jeder zweite Bundesbürger kann sich unter keinen Umständen vorstellen in Berufsfeld tätig zu werden. Damit ist die Tätigkeit eines Policen-Vermittlers die unbeliebteste überhaupt.[19] Die Gründe für diese Form der Ablehnung sind dringend zu analysieren. Versicherungsvermittler üben eine wichtige Funktion für die Absicherung von Risiken aus. Eine Verbesserung der Situation kann durch transparentere Produkte und faire Beratungsformen gelingen. Dies wäre ein wichtiger Schritt um mehr Nachwuchs für diesen Berufszweig zu interessieren und die Entwicklung hoch angesehener Berater zu fördern.

Komplexität der Finanzwirtschaft

Finanzen sind ein wichtiger Teil unseres Lebens. Das auch jungen Menschen ihre finanzielle Situation wichtig ist, ergibt sich aus einer Studie des

---

16 Vgl. RP Online: Ergo: 50 Millionen für Werbekampagne, elektronisch veröffentlicht [http://nachrichten.rp-online.de/wirtschaft/ergo-50-millionen-euro-fuer-markenkampagne-1.82039] Stand: 13.11.2011
17 Vgl. Frankfurter Allgemeine Zeitung: Finanzaufsicht nimmt sich Ergo vor, elektronisch veröffentlicht [http://www.faz.net/aktuell/wirtschaft/unternehmen/skandale-finanzaufsicht-nimmt-sich-ergo-vor-12259.html] Stand: 13.11.2011
18 Vgl. DAS INVESTMENT.COM: Maschmeyer und die Politik: Ex-Bundesinnenminister legt nach, elektronisch veröffentlicht: [http://www.dasinvestment.com/berater/news/datum/2011/03/14/maschmeyer-und-die-politik-ex-bundesinnenminister-legt-nach/] Stand: 09.10.2011
19 Vgl. Versicherungsmagazin: Unbeliebte Berufe: Der Versicherungsvermittler führt die Hitliste an, elektronisch veröffentlicht: [http://www.versicherungsmagazin.de/Aktuell/Nachrichten/195/14569/Unbeliebte-Berufe-Der-Versicherungsvermittler-fuehrt-die-Hitliste-an.html] Stand: 15.11.2011

Westdeutschen Rundfunks. 1017 Jugendliche und junge Erwachsene aus Nordrhein-Westfalen im Alter von 14-29 Jahren wurden nach ihrem Interesse, ihrer Haltung und zum Wissensstand zum Thema „Finanzen und Geld" gefragt. 27 Prozent der jungen Erwachsenen interessierten sich sehr für diese Themen. 48 Prozent der Befragten zeigten etwas Interesse, für 21 Prozent sind Finanzen und Geld weniger interessant und knapp 5 Prozent waren gar nicht interessiert. Einen Gewinn in Höhe von 1.000 EUR würden knapp 40 Prozent der Teilnehmer sparen anstatt ihn auszugeben. Eine hohe Sensibilisierung ist auch für das Thema Altersvorsorge vorhanden. 80 Prozent der jungen Menschen sind der Ansicht, dass man mit der Altersvorsorge „nicht früh genug anfangen kann". Allerdings empfinden über 60 Prozent der Befragten Finanzthemen als kompliziert, anstrengend und belastend.[20] In Kombination mit dem schlechten Image der Branche ist es in der Folge für viele junge Menschen unattraktiv in der Finanzbranche beruflich Fuß zu fassen. Doch auch unter den erwachsenen Deutschen versteht kaum einer die Finanzwelt. Nach einer aktuellen Umfrage der Gesellschaft für Sozialforschung und statistische Analysen (Forsa) halten 82% der Befragten das Thema Geldanlage für zu komplex.[21]

Kundenbindung

Bezüglich der Kundenbindung lässt sich in den letzten Jahren eine Veränderung beobachten. Während sich Anleger Jahrzehnte lang von einem oder wenigen Beratern betreuen ließen, wird dieser heute häufiger gewechselt. Oft führt schon ein höherer Zins beim Konkurrenzprodukt zu einem Beraterwechsel. Ein Grund für diese Entwicklung besteht in der stetig wachsenden Markttransparenz. Sie entsteht z.B. durch die Nutzung des Internets. Laien können sich schnell über unterschiedliche Finanzanlagen und deren Risikostruktur informieren.

---

20 Vgl. Westdeutscher Rundfunk: Ohne Moos nix los – Wie junge Menschen über Geld und Finanzen denken (Studie), 2011
21 Vgl. Spiegel Online – Wirtschaft: Kaum ein Deutscher versteht die Finanzwelt, elektronisch veröffentlicht [http://www.spiegel.de/wirtschaft/service/0,1518,796561,00.html] Stand: 09.11.2011

Bei langfristigen Versicherungs- und Sparverträgen sollte der Privatanleger auf die Meinung eines Finanzberaters jedoch nicht verzichten:

> *Ob einem die richtige Versicherung vermittelt wird, ist für den Kunden mitunter nur schwer erkennbar. Das ist ein Dilemma. Versicherungen sind sinnvoll, sie decken Lebensrisiken ab, aber sie sind hochkomplex. Das heißt: Der Einzelne kann oft nicht abschätzen, ob das Produkt passt, ob es für seine Bedürfnisse optimal ist.*[22]

In einer amerikanischen Studie des Unternehmens *CEG Worldwide* wurden 449 vermögende Kunden nach den Gründen für den zuvor durchgeführten Beraterwechsel gefragt. Für nur 13 Prozent war mangelnder Anlageerfolg der Grund, 87 Prozent der Befragten wechselten wegen schlechtem Service oder mangelnder Bindung zum Berater.[23] Folglich besteht eine große Erfolgschance für Finanzberater allein darin, einen sehr guten Service zu bieten und die Kundenbindung zu stärken. Ist das Vertrauen vorhanden, wünschen sich 75% der Deutschen, dass der Versicherungsvermittler die volle Verantwortung für die Beratung übernimmt und sie nicht an den Kunden delegiert.[24]

2.1 Kurzvorstellung der Vergütungsmodelle
Beratung auf Provisionsbasis

Die Beratung gegen Provisionen hat ihren Ursprung im 14. Jahrhundert. Der erste verbürgte Abrechnungsvorgang einer Versicherung stammt aus dem Jahr 1319. Im Rahmen einer Seeversicherung beschreibt er die Verpflichtung eines Tuchhändlers, für die Vergütung des Maklers aufzukommen. Versicherung und deren Vermittlung sind daher in ihrem Ursprung untrennbar miteinander verbunden. In Deutschland wurde die Versicherungsvermittlung gegen

---

22 DER TAGESSPIEGEL: „Die Menschen verstehen nicht, was sie unterschreiben", Interview mit dem Richter Günter Hirsch, elektronisch veröffentlicht [http://www.tagesspiegel.de/wirtschaft/die-menschen-verstehen-nicht-was-sie-unterschreiben/4473776.html] Stand: 13.10.2011
23 Vgl. Advisor`s Edge: Rich Friends, Artikel von John J. Bowen, Jr., 2005, S.27
24 Vgl. Bocquel-News.de: Beratungsqualität lässt sehr zu wünschen übrig, elektronisch veröffentlicht [http://www.bocquel-news.de/news/Beratungsqualit%E4t%20l%E4sst%20sehr%20zu%20w%FCnschen%20%FCbrig.5295.php] Stand:15.10.2011

Provision im Jahre 1588 im Rahmen des Hamburgischen Seeversicherungsgeschäfts bekannt.[25] Mit dem Verweis auf die freie Berufswahl waren für Finanzvermittler lange Zeit keine Qualifikationen erforderlich. Während im Handwerk vergleichsweise hohe Auflagen bestanden, konnte bis zum Jahr 2007 nahezu jeder die Vermittlung von Finanzen ausüben. In den fehlenden Regulierungen und dem mangelhaften Rechtsrahmen können die Gründe für die heute bestehenden kleingliedrigen Strukturen und teilweise gering qualifizierten Akteure liegen.[26] Viele Anleger bezweifeln, dass ein auf Provisionsbasis entlohnter Berater nur im Interesse seines Kunden agiert. Das eigene Interesse würde nach ihrer Ansicht ebenfalls eine Rolle spielen.[27] Nach einer empirischen Untersuchung von 962 deutschen Anlegern ist die Provisionsberatung das bevorzugte Beratungsmodell.[28] Diese klassische Form der Beratung wird zu einem Großteil von den im nächsten Kapitel vorgestellten Vermittlern ausgeübt.

Honorarberatung

Die Tätigkeit des Honorarberaters ist der Idee nach auf Beratung ausgerichtet. Eine aus der Beratung entstehende Produktvermittlung kann eine Option sein. Der Anspruch auf ein Beratungsentgelt besteht in jedem Fall auch unabhängig von einem Vermittlungserfolg. Eine Honorarberatung erfolgt meist gegen einen Stundensatz oder in prozentualer Abhängigkeit eines Vermögens. Eine genaue Anzahl von Honorarberatern ist in Deutschland sehr schwierig festzustellen. Um Honorarberater zahlenmäßig erfassen zu können wäre zunächst eine klare Definition erforderlich. Diese gibt es bisher nicht.

---

25 Vgl. Umhau, Gerd: Vergütungssysteme der Versicherungsvermittlung im Wandel, Karlsruhe 2003, S.8
26 Vgl. Evers & Jung: Anforderungen an Finanzvermittler – mehr Qualität, bessere Entscheidungen, Hamburg 2008, S.15, 98
27 Vgl. Portfolio International: Schlechte Noten für Finanzberater, elektronisch veröffentlicht [http://www.portfolio-international.de/no_cache/newsdetails/article/schlechte-noten-fuer-finanzberater.html?type=98&print=1] Stand: 13.11.2011
28 Vgl. Franke, Nikolaus; Funke, Christian; Gebken, Timo; Johanning, Lutz: Provisions- und Honorarberatung, Vallendar/Wien/Kronberg im Taunus, 2011, S.4

In einem Diskussionsbeitrag der Unternehmensberatung MC4MS werden einige beispielhafte Dienstleistungen aufgezeigt, die zur Honorarberatung im weiteren Sinne zählen:

- *Quirin Bank*: Persönliche Depotberatung, Vermögensverwaltung und Einzelberatung für 150 EUR pro Beratungsstunde
- *Cortal Consors*: Telefonische Honorarberatung zu einzelnen Produkten
- *comdirect*: Telefonische „Anlageberatung plus". Die Gebühr ist abhängig vom Depotvolumen
- *Volksbank*: Honorarberatung im Investmentfondsbereich

Daneben gibt es Anbieter, die in bestimmten Preismodellen Vertriebsprovisionen zurückerstatten. Eine strenge Definition von Honorarberatung lässt nach den Erkenntnissen von MC4MS lediglich ein Honorar zu, welches völlig unabhängig von einer Transaktion des Kunden ist. Dies läge bei einem Honorar auf Stundenbasis vor. In der Praxis findet man dagegen eher Modelle, die auf Provisionen und Rückvergütungen verzichten, jedoch keine Transaktionsunabhängigkeit voraussetzen.[29] Nach aktuellen Erkenntnissen aus einer Umfrage bei 101 Honorarberatern ist der Honorarberatungsmarkt als sehr heterogen einzuschätzen. Die Honorarberatung lässt sich demnach in zwei Segmente teilen. Im Premiumsegment werden wenige Kunden mit hohem Vermögen und im Vielkundensegment viele Kunden mit geringerem Vermögen betreut.[30] Durch die fehlende Definition des Honorarberaters können derzeit nur andere, bereits definierte Akteure aus der Versicherungsbranche für die Umsetzung einer Honorarberatung in Frage kommen. Diese werden im folgenden Kapitel vorgestellt.

2.2 Die verschiedenen Akteure der Versicherungsbranche

Außerhalb der Banken umfasst der deutsche Finanzvermittlungsmarkt ca. 400-500.000 Vermittler. Sie sind meist als Ein-Personen- oder Kleinbetriebe organisiert, haben ihre Expertise in der Vermögensverwaltung und vermitteln

---

[29] Vgl. MC4MS: Diskussionsbeitrag zur Honorarberatung in Deutschland, 2011
[30] Vgl. Prof. Weber GmbH: Honorarberatung in Deutschland – Ergebnisse einer Umfrage, 2011, S.2

vor allem Versicherungs- und Fondsprodukte.[31] Die Berufsbezeichnungen der Finanzberater sind vielfältig. „Finanzexperten", „Ruhestandsplaner" oder „Altersvorsorgespezialisten" sind lediglich ungeschützte Oberbegriffe klar definierter Beratertypen. Grundsätzlich lassen sich diese in die Hauptgruppen „Versicherungsvermittler" und „Versicherungsberater" untergliedern.

Die unterschiedlichen Teilbereiche der Finanzberatung erfordern bestimmte Erlaubnispflichten und Berufsqualifikationen.[32] Bei der Altersvorsorgeberatung greifen 35 Prozent der Verbraucher auf ein Beratungsgespräch mit einem Versicherungsvertreter zurück. 18 Prozent lassen sich von einem unabhängigen Finanzberater, 14 Prozent von einem Bankberater und 11 Prozent von einem Versicherungsmakler betreuen.[33]

Versicherungsvermittler

Der Versicherungsvermittler vermittelt einen Versicherungsvertrag zwischen einem Kunden und einem Produktanbieter. Im Versicherungsvertragsgesetz wird der Versicherungsvermittler vom Versicherungsberater unterschieden. Als Versicherungsvermittler gelten demnach Versicherungsvertreter, die von einem Versicherer gewerbsmäßig damit betraut sind, Versicherungsverträge zu vermitteln.[34] Zu den Versicherungsvermittlern zählen auch die Versicherungsmakler. Sie werden jedoch für einen Auftraggeber tätig, unabhängig von einem bestimmten Versicherungsunternehmen. Gebunden sind dagegen Handelsvertreter gem. § 84 HGB. Sie sind auf selbständiger Basis für einen Finanzvertrieb tätig und werden auch als Agenten, Einfirmen- oder Ausschließlichkeitsvertreter bezeichnet. Durch die vertragliche Bindung an ein Unternehmen dürfen sie nur bestimmte Versicherungsprodukte vermitteln.

---

31 Vgl. Evers & Jung: Anforderungen an Finanzvermittler – mehr Qualität, bessere Entscheidungen, Hamburg 2008, S.15

32 Vgl. Anhang 2, 3: Erforderliche Berufsqualifikationen und gesetzliche Erlaubnispflichten für die Vermittlung von Finanzprodukten in: Evers & Jung: Anforderungen an Finanzvermittler – mehr Qualität, bessere Entscheidungen, Hamburg 2008, S.32, 38

33 Vgl. DAS INVESTMENT.COM: Studie: Deutsche interessieren sich wieder mehr für die Altersvorsorge, elektronisch veröffentlicht
[http://www.dasinvestment.com/nc/investments/versicherungen/news/datum/2011/08/26/studie-deutsche-interessieren-sich-wieder-mehr-fuer-die-altersvorsorge/] Stand: 15.11.2011

34 Vgl. § 59 Versicherungsvertragsgesetz (VVG), Begriffsbestimmungen

Versicherungsberater

Von einem Vermittler abzugrenzen ist der Beruf des Versicherungsberaters. Dieser übt eine erlaubnispflichtige, rechtsberatende und freiberufliche Tätigkeit aus.[35] Der Versicherungsberater ist gem. § 34e GewO von keinem Versicherungsunternehmen wirtschaftlich abhängig und berät seine Mandanten bei Rechtsfragen zu Vereinbarungen, Änderungen und bei der Prüfung von Versicherungsverträgen. Außerdem unterstützt er sie bei der Wahrnehmung von Ansprüchen aus solchen Verträgen und vertritt sie außergerichtlich gegenüber Versicherungsunternehmen. Seine Unabhängigkeit wird durch das Provisionsannahmeverbot gem. § 34e Abs. 3 Satz 1 GewO deutlich gemacht. Er wird für die reine Beratung, unabhängig von einem Verkaufsabschluss, vergütet und gerät somit seltener in Interessenkonflikte.

Vergütung

Die verschiedenen Akteure werden über unterschiedliche Wege vergütet. In der Rechtsprechung bezeichnete der BGH die Versicherungsmakler als „treuhänderischer Sachwalter der Versicherungsnehmer".[36] Zwar wird in dieser Bezeichnung die starke Verbindung zum Auftraggeber deutlich, die Vergütung dagegen erfolgt wie beim Versicherungsvertreter auch beim Makler durch das Versicherungsunternehmen. Lediglich der Versicherungsberater wird direkt vom Kunden in Form eines Honorars für seine Dienstleistung bezahlt. Inwieweit auch Vermittler Honorarberatung ausüben dürfen, wird im Kapitel „Rechtliche Rahmenbedingungen" vorgestellt.

2.3 Formen von Altersvorsorgeprodukten

Durch die unterschiedlichen Formen von Lebensversicherungen kann der Versicherungsnehmer beim Abschluss mehrere Ziele verfolgen. Bei einer Risikoversicherung ist lediglich der Tod des Versicherungsnehmers versichert. Tritt der Todesfall ein, wird die vorab vereinbarte Versicherungssumme an die

---

35 Vgl. Bundesverband der Versicherungsberater e.V.: Grundsätze der Berufsausübung, elektronisch veröffentlicht [http://www.bvvb.de/Content.aspx?content=12] Stand: 26.11.2011

36 Vgl. Arbeitsgemeinschaft unabhängiger Versicherungsmakler, elektronisch veröffentlicht [http://www.auv.de/html/versicherungsmakler_sachwalter.html] Stand: 20.11.2011

Hinterbliebenen ausgezahlt. In der Folge können finanzielle Notlagen verhindert oder Ansprüche gegenüber Dritten ausgeglichen werden. Diese Risikogeschäfte werden häufig rechtlich und faktisch mit Spar- und Entspargeschäften verbunden. Bei Spargeschäften zahlt der Versicherungsnehmer einmalige oder laufende Sparbeträge an den Versicherer. Dieser ist verpflichtet das Kapital zu verzinsen und zu einem bestimmten Zeitpunkt in Form eines Einmalbetrages oder in Form von laufenden Renten zurückzuzahlen. Von einem Entspargeschäft bzw. einer Sofortrente spricht man, wenn der Versicherungsnehmer dem Versicherer ein Kapital überlässt und dieser es planmäßig „verrentet", d.h. in Form von regelmäßigen Rentenzahlungen einschließlich der Zinseszinsen wieder auszahlt.[37] Diese Spar- und Entspargeschäfte werden auch als Rentenversicherungen bezeichnet und dienen der Altersvorsorge, zusätzlich zu den gesetzlichen Leistungen. Die reine Rentenversicherung leistet keine Zahlungen im Todesfall. Häufig ist eine Rentengarantiezeit Vertragsbestandteil. Sie beschreibt die Pflicht des Versicherers, auch nach dem Tod des Versicherten die Rentenzahlungen für die vereinbarte Zeit fortzusetzen. Eine Mischform stellt die Kapitalversicherung dar, die eine Auszahlung entweder im Todesfall oder bei Erleben eines vorab festgelegten Alters leistet. Sie ist die am häufigsten vorkommende Form der Lebensversicherung. Die Prämien werden entweder einmalig zu Beginn oder regelmäßig geleistet. Zu dieser Gattung zählt auch die Fondsgebundene Lebensversicherung, die im Gegensatz zu einer klassischen Kapitallebensversicherung mit Garantieleistung nicht oder nur zum Teil in sichere Geldanlageformen wie Tagesgeld oder Staatsanleihen investiert. Möglich sind z.B. Investitionen in Aktien, Aktienfonds, festverzinsliche Wertpapiere oder Immobilien. Dies eröffnet dem Versicherungsnehmer eine höhere Renditechance, eine garantierte Ablaufleistung gibt es dann aber i. d. R. nicht. Es entstehen in der Ansparphase höhere Schwankungsbreiten des Versicherungswertes und die Rendite kann in der Auszahlungsphase auch deutlich unter der einer klassischen Versicherungspolice liegen. Das in den Fondsanteil fließende Kapital stellt ein Sondervermögen dar, welches von einer Kapitalanlagegesellschaft auf Rechnung der Anleger verwaltet wird und bei dem

---

37 Vgl. Farny, Dieter: Versicherungsbetriebslehre, Karlsruhe 1995, S.41

die Anleger das Recht zur Rückgabe der Anteile haben.[38] Es ist somit vom Vermögen der Versicherungsgesellschaft getrennt und bietet einen Schutz im Falle einer Insolvenz des Versicherers.

Lebensversicherungen dürfen nur von Versicherungsunternehmen in der Rechtsform der Aktiengesellschaft, des Versicherungsvereins auf Gegenseitigkeit und der Anstalt oder Körperschaft des öffentlichen Rechts betrieben werden. Für sie gelten die Vorschriften des Versicherungsaufsichtsgesetzes und das Gesetz über den Versicherungsvertrag. Sie werden von der Bundesanstalt für Finanzdienstleistungsaufsicht (BaFin) kontrolliert. Die Lebensversicherer gehören dem Gesamtverband der Deutschen Versicherungswirtschaft e.V. an.[39] Zum Schutz der Versicherungsnehmer wurde 2004 ein von der Protektor AG verwalteter Sicherungsfonds eingerichtet, der im Falle der Zahlungsunfähigkeit eines Mitglieds die geschuldeten Leistungen auszahlt.[40]

Insgesamt zahlten die Lebensversicherer im Jahr 2010 Leistungen in Höhe von knapp 73 Mrd. Euro an ihre Kunden aus. Das sind täglich rund 200 Mio. Euro. Den privaten Lebensversicherern kommt folglich eine wichtige Rolle bei der Versorgung heutiger Rentner zu.[41] Bei einer Stichprobe im Auftrag der Maklermanagement AG wurden deutschlandweit ca. 300 unabhängige Vermittler nach ihren Vertriebsschwerpunkten gefragt. Bei Fondsgebundenen Rentenversicherungen sehen die meisten Vermittler den langfristigen Schwerpunkt ihrer Geschäftstätigkeit. Sie belegen nach der Vermittlung von Berufsunfähigkeitsversicherungen den zweiten Platz der Produktpalette.[42]

---

38 Vgl. § 2 Abs. 2 Investmentgesetz (InvG), Begriffsbestimmungen
39 Vgl. Grill, Wolfgang; Perczynski, Hans: Wirtschaftslehre des Kreditwesens, Troisdorf 2006, S.193
40 Vgl. Protektor-AG: Sicherungsfonds für die Lebensversicherer, elektronisch veröffentlicht [http://www.protektor-ag.de/sicherungsfonds/23.aspx] Stand: 23.10.2011
41 Vgl. Gesamtverband der Deutschen Versicherungswirtschaft (GDV): Die deutsche Lebensversicherungen in Zahlen, Geschäftsergebnisse, 2010, S.6
42 Vgl. Makler Management AG: Maklertrendstudie 2010/2011: Zurück zur Normalität, 2011, S.9

Eigene Darstellung nach: Maklertrendstudie 2010/2011

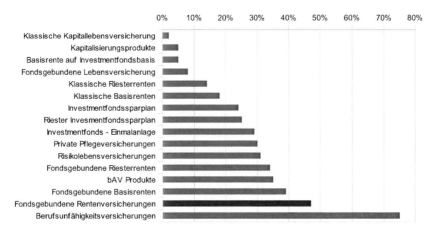

Abbildung 3: Zukünftige Vertriebsschwerpunkte von Versicherungsmaklern

Nach einer aktuellen Studie wird vor allem die staatliche Förderung von Altersvorsorgeprodukten immer wichtiger. Nachdem 2008 und 2009 nur 55 Prozent der Versicherungsnehmer die Produkte der ersten und zweiten Altersvorsorgeschicht bevorzugten, ist die Förderung nach aktuellen Umfragen für 68 Prozent der Befragten zwischen 18 und 55 Jahren wichtig.[43]

---

43 Vgl. DAS INVESTMENT.COM: Studie: Deutsche interessieren sich wieder mehr für die Altersvorsorge, elektronisch veröffentlicht
[http://www.dasinvestment.com/nc/investments/versicherungen/news/datum/2011/08/26/studie-deutsche-interessieren-sich-wieder-mehr-fuer-die-altersvorsorge/] Stand: 15.11.2011

3 Rahmenbedingungen der Honorarfinanzberatung

3.1 Kundenbereitschaft zur Honorarzahlung

Häufig wird von Finanzberatern und Produktanbietern bezweifelt, dass Kunden bereit sind ein angemessenes Honorar für die Dienstleistung eines Honorarberaters zu zahlen. Dazu finden sich die unterschiedlichsten Ansichten. Eine Umfrage der DZ Bank hatte zum Ergebnis, dass nur jeder fünfte Deutsche bereit wäre 150 Euro für eine Stunde Honorarberatung zu zahlen. Viele Marktteilnehmer sind daher der Ansicht, Honorarberatung wäre nur etwas für sehr vermögende Kunden.[44] Ein weiterer Hinweis auf die geringe Bereitschaft ein Honorar für die reine Beratung zu zahlen, ergibt sich aus dem mäßigen Erfolg der Versicherungsberater. Derzeit sind nur 80 Versicherungsberater in Deutschland eingetragen. Zuspruch erhalten sie hauptsächlich von gewerblichen Kunden. Das Privatkundengeschäft gilt trotz der Stundensätze zwischen 100-150 EUR als wenig lukrativ.[45] Zu einem anderen Ergebnis kommt eine gemeinsame Studie des Finanzdienstleisters HonorarKonzept GmbH, der Unternehmensberatung MC4MS und der Johannes-Gutenberg-Universität in Mainz. Mit der Untersuchung wollte man vor allem feststellen, ob sich die Sichtweise der Kunden nach der Finanzmarktkrise verändert hat. Rund 70 Prozent der 990 befragten Privatkunden erklärten eine grundsätzliche Bereitschaft zur Honorarzahlung. Als der Wegfall der Vertriebsprovisionen explizit aufgezeigt wurde, stieg die Akzeptanz der Honorarberatung auf 83 Prozent. Nach der Verdeutlichung der Kostenvorteile bei einer Beratung mit Nettoprodukten hätten sich 90 Prozent der Befragten für das Honorarmodell entschieden. Professor Dietmar Leisen von der Universität Mainz beschrieb die Höhe der Bereitschaft zur Honorarberatung als ausreichend um als Berater kostendeckend arbeiten zu können.

---

[44] Vgl. Capital: Wann Honorarberatung lohnt, elektronisch veröffentlicht [http://www.capital.de/finanzen/banken-zinsen/:Renditevergleich--Wann-Honorarberatung-lohnt/100030474.html_brr=3] Stand: 06.11.2011

[45] Vgl. Evers & Jung: Anforderungen an Finanzvermittler – mehr Qualität, bessere Entscheidungen, Hamburg 2008, S.86

Marc Ahlers von der Unternehmensberatung MC4MS sieht vor allem für marktführende Finanzdienstleister der Segmente Bank, Versicherung oder Finanzvertrieb große Chancen.[46] Durch die Studie wurde erstmals deutlich, dass der Kostenvergleich beider Vergütungssysteme sehr wichtig für den Erfolg der Honorarberatung ist.

3.2 Rechtliche Rahmenbedingungen der Honorarberatung

Nur Finanzberater, die über die rechtlichen Rahmenbedingungen informiert sind, haben die Sicherheit, dass die aus dem Honorarvertrag hervorgehenden Rechte und Pflichten beiderseitig erfüllt werden müssen. Bisher ist der Begriff Honorarberatung nicht definiert und geschützt. Es ist dem Wortlaut nach eine beratende Tätigkeit, bei der das Entgelt durch einen Kunden gezahlt wird. Generell kann bei Finanz- und Vermögensfragen von Honorarberatung gesprochen werden wenn folgende Merkmale gegeben sind:

1. *Der Grundsatz der Unabhängigkeit des Beraters*
2. *Die Vergütung des Beraters erfolgt ausschließlich durch ein vorab vereinbartes Honorar*
4. *Leistungen Dritter werden dem Kunden der Art und Höhe nach ausgewiesen und in geeigneter Weise rückvergütet*
5. *Die Entlohnungshöhe ist unabhängig vom Beratungsergebnis* [47]

Im Kapitel 2.2 wurden bereits die grundsätzlichen Unterschiede zwischen Versicherungsvermittlern und Versicherungsberatern deutlich gemacht. Da bei Versicherungsprodukten bisher keine klare rechtliche Trennung zwischen Beratung und Verkauf besteht, müssen die Charakteristiken der verschiedenen Berater bzw. Vermittler hinterfragt werden.

---

46 Vgl. MC4MS: Studie Honorarberatung, September/Oktober 2009
47 Vgl. Richter, Jörg: Grundsätze ordnungsmäßiger Finanzberatung, Bad Soden/Taunus 2001, S.161

Der im § 84 HGB geregelte Handelsvertreter ist Vermittler und hat lediglich eine Vertragsbeziehung mit seinem Arbeitgeber. Es entsteht kein Honorarvertrag zwischen ihm und einem Kunden. Folglich fehlt die entsprechende Grundlage für eine Honorarberatung.[48]

Der Versicherungsmakler bringt dagegen die für die Honorarberatung erforderliche Unabhängigkeit mit. Er ist gem. § 93 HGB „nicht ständig damit betraut, für Produktpartner Geschäfte zu vermitteln und hat die Interessen des Kunden wahrzunehmen". Allerdings sprechen andere Punkte gegen eine rechtskräftige Honorarberatungstätigkeit des Versicherungsmaklers.

1. Die Vermittlung und Beratung von Versicherungsprodukten hat auch immer Berührungspunkte mit einer rechtsberatenden Tätigkeit. Diese ist nach den §§ 2, 3 RDG erlaubnispflichtig. Im Bereich des Versicherungsvertriebs sind in diesem Zusammenhang §§ 34d, 34e GewO und § 5 RDG relevant. Gem. § 34d Abs.1 S.4 GewO hat der Versicherungsmakler die „Befugnis, Dritte, die nicht Verbraucher sind, bei der Vereinbarung, Änderung oder Prüfung von Versicherungsverträgen gegen gesondertes Entgelt rechtlich zu beraten". Mit seiner Gewerbeerlaubnis darf der Makler zumindest gegenüber Unternehmern und im Belegschaftsgeschäft als Honorarberater tätig werden. Ob der Makler *im Allgemeinen* zur Honorarberatung befugt ist und welche rechtlichen Konsequenzen sich aus einer Unzulässigkeit ergeben ist dagegen nicht abschließend geklärt.[49]

2. Der Honorarberater erhält sein Beratungsentgelt unabhängig von einem Vermittlungserfolg. Der Makler dagegen erhält seine Provision seitens des Versicherungsunternehmens nur bei der Vermittlung eines Versicherungsprodukts.

3. Die Höhe des Entgelts kann von einem Honorarberater selbst bestimmt

---

[48] Vgl. Goerz, Dietmar; Korn, Oliver; Perschke, Ronald: Honorarberatung, Münster 2009, S.9
[49] Vgl. Institut für Versicherungswissenschaft: Nettotarifangebot deutscher Versicherungsunternehmen im Privatkundengeschäft, Köln 2011, S.5

werden, sofern nicht rechtliche Grenzen in Form der Sittenwidrigkeit (§ 138 BGB) überschritten werden. Dem Makler ist eine freie Gestaltung der Provision gegenüber Verbrauchern dagegen nur eingeschränkt möglich. Das in Deutschland nach § 81 Abs. 2 Satz 3 VAG geltende Provisionsabgabeverbot untersagt es einem Versicherungsvermittler die erhaltene Provision an einen Versicherungsnehmer (Vertragspartner) oder die versicherte Person (Begünstigter) weiterzuleiten.[50]

Aus den genannten Punkten wird die Unsicherheit deutlich, die sich aus der reinen Beratungstätigkeit eines Versicherungsmaklers ergibt. Stets zugelassen wurde die Honorarberatung bisher für Makler, die sogenannte „Nettopolicen" vermittelten. Die Tarife enthalten keine Abschlusskosten und weisen wegen der fehlenden Provisionsfunktion geringere Kosten auf. Folglich bestanden keine Ansprüche seitens des Vermittlers gegenüber dem Versicherer. Die Vergütung wurde gem. § 652 BGB vom Kunden entrichtet.[51]

Die Frage nach der Höhe des Honorars, die ein Versicherungsmakler bei der Vermittlung von Nettotarifen berechnen darf ist entscheidend für den Erfolg des Geschäftsmodells. Eine Honorartabelle wie bei Steuerberatern, Notaren oder Architekten existiert in der Finanzbranche (noch) nicht. Hier dienen Rechtsurteile als Orientierung. 2005 hatte der Bundesgerichtshof zu entscheiden, ob die Ansprüche eines Maklers aus einer „Vermittlungsgebührenvereinbarung" wirksam entstanden sind. Im Sinne eines Nettotarifs beschrieb die Vereinbarung, dass der Makler keine Zahlungen durch den Versicherer erhält und sich seine Leistung auf die Vermittlung des Tarifs beschränkt. Das vereinbarte Vermittlungshonorar belief sich im Verhältnis zu der gesamten Versicherungsprämie auf eine Quote von 7,8 Prozent der Beitragssumme. Nach dem Geschäftsbericht des ehemaligen Bundesamts für das Versicherungswesen galt eine Gebühr in dieser Höhe als „eher niedriger als allgemein üblich". Es handelte sich somit nicht um ein sittenwidrig überhöhtes Entgelt gem. § 138 Abs. 1 BGB.[52]

---

[50] Vgl. Karten, Walter: Versicherungsbetriebslehre, Karlsruhe 2000, S. 395
[51] Vgl. Goerz, Dietmar; Korn, Oliver; Perschke, Ronald: Honorarberatung, Münster 2009, S.16

Die Entscheidung des BGH gilt noch heute als Maßstab für die Vereinbarung von Honorarverträgen, die bei der Vermittlung von Nettopolicen abgeschlossen werden. Die Höhe des Honorars liegt deutlich über den Provisionen im Bruttogeschäft. Hier verdient der Versicherungsmakler bei der Vermittlung von Rentenversicherungsverträgen Abschlussprovisionen in Höhe von 4 bis 5 Prozent.[53] Neben den erfolgsabhängigen Vergütungen des Versicherungsmaklers können durch ihn auch Dienstleistungen abgerechnet werden, die unabhängig von einem Vermittlungserfolg sind. Es handelt sich dann um Geschäftsbesorgungen im Sinne einer selbständigen, wirtschaftlichen Tätigkeit im fremden Interesse. Sie werden in Form eines Dienstvertrages (§ 611 BGB) oder Werkvertrages (§ 631 BGB) mit dem Kunden vereinbart. Ebenfalls zulässig ist ein Aufwendungsersatz für z.B. Telefon-, Porto- oder Fahrtkosten. In jedem Fall sollten die Dienstleistungen bzw. angefallenen Kosten in einem Honorarvertrag festgehalten werden, da ein Kunde ohne schriftliche Vereinbarung nicht zur Zahlung verpflichtet ist.[54] Die Unabhängigkeit des Versicherungsberaters wurde bereits beschrieben. Er ist gem. § 34e GewO zur Rechtsberatung auf Honorarbasis befugt.

Aus den unterschiedlichen Gesetzgebungen und Rechtsurteilen ergibt sich eine Zulässigkeit für Versicherungsmakler und Versicherungsberater auf Honorarbasis tätig zu werden, auch wenn bisher kein einheitliches Regelwerk existiert. Auf Grund der fehlenden Unabhängigkeit können Handelsvertreter keine Honorarberatung ausüben. Versicherungsmakler erhalten ein Honorar für die Vermittlung von Nettotarifen und für sonstige Dienstleistungen im Zusammenhang mit ihrer Tätigkeit. Rechtsberatung hat bei dem Versicherungsmakler im Gegensatz zum Versicherungsberater nur einen begleitenden Charakter.

---

52 Vgl. Urteil vom Bundesgerichtshof (BGH), verkündet am 20. Januar 2005, Aktenzeichen III ZR 207/04
53 Vgl. Frankfurter Allgemeine Zeitung: Verwirrspiel um die Offenlegung von Gebühren und Provisionen, elektronisch veröffentlicht
[http://www.faz.net/aktuell/finanzen/vermoegensfragen/die-vermoegensfrage-verwirrspiel-um-die-offenlegung-von-gebuehren-und-provisionen-1999303.html] Stand: 11.11.2011
54 Vgl. Goerz, Dietmar; Korn, Oliver; Perschke, Ronald: Honorarberatung, Münster 2009, S.7- 9, 18

3.3 Das Potenzial eines neuen Beratungsansatzes

Nachdem die rechtliche Zulässigkeit der Honorarberatung in der Versicherungsbranche aufgezeigt wurde, ist die Frage nach der Berechtigung und dem Erfolgspotenzial alternativer Beratungswege zu klären. Es gäbe keinen Bedarf wenn sich die vorhandenen Strukturen, Beratungsgespräche und Produkte als adäquat herausstellen würden. Dazu wird zunächst auf die Bedeutung von Kosten für den Anlageerfolg und die Kostentransparenz von Provisionsprodukten aufmerksam gemacht. Anschließend werden einige wissenschaftliche Erkenntnisse aus der Vermögensanlage veranschaulicht, die sich bei der Gestaltung des Fondsvermögens im Versicherungsprodukt anwenden lassen. Schließlich werden die in der Honorarberatung eingesetzten Netto-Versicherungsprodukte inklusive einer „passiven" Anlagestrategie vorgestellt.

3.3.1 Transparenz und Kostenstruktur des klassischen Modells

Zu den wichtigsten Kriterien einer guten Rentenversicherung zählt die Nachvollziehbarkeit der Versicherungsbedingungen und die Höhe der Kosten. Die finanzmathematischen Auswirkungen von Kosten werden häufig unterschätzt.

Für einen guten Finanzberater steht bei der Altersvorsorgeberatung die Ermittlung eines konkreten Versorgungsziels im Vordergrund. Ist die Höhe des Beitrags und die Laufzeit bekannt, lässt sich eine Zielrendite definieren. Wird diese während der Ansparphase nicht erreicht, sind höhere Aufwendungen nötig, um das geplante Endkapital zum gleichen Zeitpunkt zu erzielen. Kosten wirken sich dabei negativ auf die Rendite aus. Bei einem Kapital von 100.000 EUR bewirken Kosten in Form eines einmaligen Ausgabeaufschlages und einer vergleichsweise geringen laufenden Managementgebühr eine Reduzierung der Ablaufleistung um knapp 40 Prozent.[55]

---

[55] Vgl. Abbildung 4: „Wertentwicklung eines Vermögens mit verschiedenen Kostenbelastungen"

In einem anderen Beispiel entsteht durch Kostensenkung eine höhere Sparsumme. Die Ablaufleistung eines Sparvertrages mit 100 EUR Monatsbeitrag kann bei einer Laufzeit von 30 Jahren um 42 Prozent gesteigert werden, wenn die jährliche Rendite durch Kostenreduktion von 4 auf 6 Prozent steigt. Gelingt eine Kosteneinsparung in Höhe von 5 Prozent, erhöht sich die Ablaufleistung in diesem Zeitraum um 150 Prozent.[56]

Eigene Darstellung: Wertentwicklung eines Vermögens in Höhe von 100.000 EUR bei einer Laufzeit von 30 Jahren und einer Rendite von 8%

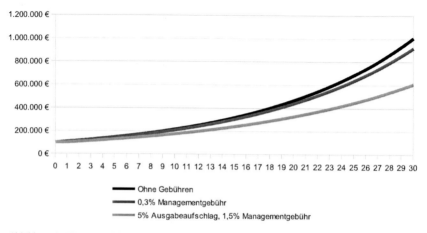

Abbildung 4: Wertentwicklung eines Vermögens mit verschiedenen Kostenbelastungen

Sehr lange konnte kein Finanzberater beurteilen welche exakten Auswirkungen Kosten für einen vermittelten Vertrag haben. Erst seit der Reform zum Versicherungsvertragsgesetz am 01.07.2008 müssen Versicherungsunternehmen über die Verwaltungskosten der Produkte informieren. Wurde ein Vertrag vor diesem Datum abgeschlossen, ist es auch heute noch schwirig die Kosten herauszufinden und zu bewerten. Durch die Einführung des „Produktinformationsblatts" sind erstmals Vergleichsrechnungen mit Alternativprodukten möglich.[57]

---

56 Vgl. Ortmann, Mark: Kostenvergleich von Altersvorsorgeprodukten, Baden-Baden 2010, S.29

Durch eine Studie des Instituts für Transparenz in der Altersvorsorge konnte jedoch festgestellt werden, dass keines der Produktinformationsblätter von 109 untersuchten Tarifen dem Formulierungsvorschlag des Gesetzgebers entsprachen. Demnach sollten die darin enthaltenden Informationen inhaltlich richtig, übersichtlich, verständlich und in knapper Form dargestellt werden. Mark Ortmann fordert als Leiter des Instituts ein für alle Versicherungsgesellschaften verbindliches, standardisiertes Produktinformationsblatt. Nur das könne zu einer wirklichen Kostentransparenz führen.[58] Ortmann veröffentlichte 2010 die Ergebnisse, die im Rahmen einer Gutachtenerstellung für den Bund der Versicherten entstanden sind. Nach der Untersuchung von Kosten unterschiedlichster Altersvorsorgeprodukten kam er zu dem Fazit:

> *Während die positiven Produkteigenschaften, die versprochenen Leistungen, aus eigenem Antrieb der Gesellschaften genügend herausgestellt werden, sind die Nachteile eines Produkts, insbesondere die Kosten, für den Verbraucher nur schwer oder gar nicht zu ermitteln. Die Kenntnis der Kosten ist aber für das Treffen einer informierten Entscheidung unbedingt erforderlich. Kosten vermindern die Rendite und wirken sich daher erheblich auf die mögliche Höhe des Auszahlungsbetrags oder der Rente aus.[59]*

Je länger ein Sparprozess anhält, umso stärker wirkt sich die Kostenquote der Produkte auf die Kundenrendite aus. Bei der Beurteilung von Kosten legen Finanzberater häufig großen Wert auf die Aussagekraft der Kapitalabfindung, die sich laut der Prognoserechnung der Versicherer bei einer Fondsentwicklung von 0% ergibt.

---

57 Vgl. § 4 Verordnung über Informationspflichten bei Versicherungsverträgen (VVG), Produktinformationsblatt
58 Vgl. Institut für Transparenz in der Altersvorsorge (ITA): Presseinformation - Keine Kostentransparenz im deutschen Versicherungsmarkt, elektronisch veröffentlicht [http://www.ita-online.info/Content/downloads/PM_Studie_Kostentransparenz.pdf] Stand: 25.11.2011
59 Ortmann, Mark: Kostenvergleich von Altersvorsorgeprodukten, Baden-Baden 2010, S.22

Auch in der Literatur wird dieser Rechenweg explizit beschrieben:

> *"Zuerst einmal können Sie die Beitragssumme ermitteln... Diesen Betrag können Sie nun mit der Ablaufprognose bei einer Wertentwicklung von 0 Prozent vergleichen.[...] Bei einer unterstellten Wertentwicklung von 0 Prozent kosten die Leistungen der Versicherung in 12 Jahren 1.100 €"*[60]

Diese Betrachtung ist aus mehreren Gründen unvollständig und führt daher zwingend zu einem falschen Ergebnis:

- Investmentfonds sind ein elementarer Bestandteil einer Fondspolice, Versicherer sind dennoch nicht dazu verpflichtet, Angaben zu den Kapitalanlagekosten zu machen.[61]
- In die prognostizierte Kapitalabfindung zum Ende der Police werden vom Versicherer regelmäßig „Überschüsse" einberechnet. Diese sind jedoch nicht garantiert. Obwohl der Anleger somit keinen Anspruch auf deren Auszahlung hat, wird die Rechnung dadurch erheblich beeinflusst.[62]

Die fehlenden Kostenangaben und die Einberechnung eventueller Zinsgutschriften sind sehr problematisch. Mark Ortmann drückte seine Unzufriedenheit zu den Modellrechnungen der Versicherer wie folgt aus:

> *„Der vom Gesetzgeber verlangte Kostenausweis sieht keine Gesamtkostenkennzahl vor und erlaubt zu große Spielräume. Die Produktanbieter nutzen die Möglichkeiten, indem sie die Kosten gar nicht oder verklausuliert darstellen. Schließlich werden zum Teil Ablaufleistungen in den Modellrechnungen gezeigt, die künstlich über Rückvergütungen aus Fondsgebühren aufgebläht werden."* [63]

Die einheitliche Gesamtkostenquote für mehr Transparenz

Auch Prof. Dr. Hans-Peter Schwintowski von der Humboldt-Unviversität Berlin bemängelt die Transparenz bezüglich der Kosten und der Rendite. Er sieht zwei Möglichkeiten: Entweder die Darstellung von Kosten und Rendite als Prozent-

---

60 Klöckner, Bernd W.: Rechentraining für Finanzdienstleister, Wiesbaden 2009, S.96-97
61 Vgl. Ortmann, Mark: Kostenvergleich von Altersvorsorgeprodukten, Baden-Baden 2010, S.107
62 Vgl. Anhang 4 „Prognostizierte Ablaufleistung eines Versicherers"
63 Versicherungsvertrieb: Bitte nicht Äpfel mit Birnen vergleichen!, Artikel von Mark Ortmann, Heft 2/2011, S.18

zahl gekoppelt mit einer Risikokennzahl oder ein Zielvereinbarungs-konzept zwischen Kunden und Beratern. Im Rahmen der finanziellen Möglichkeiten und Risikobereitschaft des Kunden hätte der Berater die Aufgabe, dessen Bedürfnisse optimal zu befriedigen. Beratungsfehler wären nach Schwintowski ausgeschlossen und würden beide Systeme nebeneinander bestehen, führe dies zu mehr Wettbewerb.[64] Worin Schwintowski in der Kombination beider Modelle höhere Chancen auf Wettbewerb sieht, geht nicht deutlich aus der Quelle hervor. Eine Falschberatung bleibt trotz Zielvereinbarungskonzept möglich. Eine einheitliche Kosten- und Renditequote ist dagegen bereits auf dem guten Weg Standard bei Versicherungsprodukten zu werden. Seit Beginn des Jahres 2011 bietet der Branchenführer *Allianz* sowie der *Volkswohl Bund* Versicherungs-policen an, in denen die "Reduction in Yield" Methode (RIY) Anwendung findet. Sie gilt als Gesamtkostenquote und drückt die durchschnittliche Rendite-minderung pro Jahr aus. Neben Abschluss-, Vertriebs- und laufenden Verwaltungsgebühren des Versicherers werden auch die Kapitalanlagekosten berücksichtigt.

Gegen die Darstellung der Gesamtkosten über die Reduction in Yield Methode spricht sich der selbständige Versicherungsmathematiker Axel Kleinlein aus. Zum einen müsse die „Minderung der Rendite" von einer „Kostenquote" unterschieden werden, zum anderen sollte eine echte Kostenquote zeitlich auch über die Ansparphase hinaus gehen.[65] In der Praxis werden die Fondskosten in der RIY Kennzahl lediglich beispielhaft berücksichtigt. Da dem Versicherer vorab nicht bekannt ist für welchen Fonds sich der Versicherungsnehmer entscheiden wird, werden meist die Kosten der günstigsten Fonds in der Kennzahl berücksichtigt. Die Kostenquote stimmt folglich nicht mit den tatsächlich anfallenden Kosten überein.

---

64 Vgl. Versicherungswirtschaft: Die Tücke lauert im Detail, Heft 4/2010
65 Vgl. Versicherungsvertrieb: Bitte nicht Äpfel mit Birnen vergleichen!, Artikel von Mark Ortmann, in: Heft 2/2011, S.18 sowie Versicherungsvertrieb: Irreführende Kennzahl, Artikel von Axel Kleinlein, Heft 2/2011, S.18

Fondsangebot bei Rentenversicherungsprodukten

Bei fondsgebundenen Versicherungsprodukten stehen heute fast ausschließlich von Fondsmanagern verwaltete Investmentfondslösungen zur Auswahl (sog. „aktive" Fonds). Viele Versicherer bieten auch Dachfonds an, die aus mehreren Investmentfonds bestehen. Der Kunde kann dabei aus einer Vielzahl von Fondsangeboten wählen. Darunter befinden sich häufig bekannte Fonds von Kapitalanlagegesellschaften wie DWS, Templeton oder Carmignac. Andere Unternehmen wie Canada Life oder Standard Life bieten dagegen „hauseigene" Fondsprodukte an. Sammelbegriffe wie *Substanz* (geringes Risiko), *Balance* (ausgeglichenes Risiko) und *Chance* (hohes Risiko) werden in diesem Zusammenhang ebenfalls häufig verwendet. Der Kunde erhält dann eine Fondsauswahl, die seiner Risikoaffinität entspricht. Für 85 Prozent der Versicherungsmakler spielt die Sicherheit von Kapitalanlagen eine große Rolle.[66] Bei Fondsgebundenen Rentenversicherungen haben sie selbst die Chance, Transparenz und Kosten der Fondslösungen zu überprüfen. Insbesondere Honorarberater sollten diese Möglichkeit wahrnehmen, da sie ausschließlich vom Kunden vergütet werden und unabhängig agieren können.

3.3.2 Versicherungsprodukte auf Nettobasis

Die in der Honorarberatung vermittelten Versicherungsprodukte werden als Nettoprodukte oder Nettotarife bezeichnet. Eine einheitliche Meinung darüber, welche Eigenschaften diese Tarife mindestens erfüllen müssen, existiert nicht. In einer Untersuchung des Instituts für Versicherungswirtschaft an der Universität zu Köln wurden Nettotarife in der Vergangenheit als „Abschlusskostenfreie Tarife, in die namentlich keine Provision eingerechnet wird" beschrieben. Heute können sie Abschlusskosten für die Verwaltung enthalten. Ein echter Nettotarif sollte zumindest keine Kosten inne haben, die mit Provisionskosten in Zusammenhang stehen.

Nach einer repräsentativen Stichprobe des Instituts boten im Februar 2011 nur 15 Versicherer Nettotarife an. Lediglich ein Versicherer generiert 70 Prozent der

---

66 Vgl. Makler Management AG: Maklertrendstudie 2010/2011: Zurück zur Normalität, 2011, S.5

eingezahlten Prämien im Neugeschäft über Nettoprodukte. Bei den restlichen Anbietern haben sie kaum Bedeutung. Bezogen auf die gesamte Stichprobe erreichen die Honorartarife nur einen Anteil von 2,6 Promille am gesamten Neugeschäft. Auch die Kundennachfrage nach Nettotarifen ist nach den Erkenntnissen der Untersuchung zu vernachlässigen.[67] Nettotarife gelten wegen der fehlenden Provisionskosten im Vergleich zu klassischen Provisionsprodukten als kostengünstiger. Einige Anbieter stellen neben dem Produktinformationsblatt weitere Kostenausweise zur Verfügung, auf denen alle Kosten klar und deutlich aufgezeigt werden.

Neben den Kosten und der Transparenz ist auch die Flexibilität entscheidend für eine Verbesserung der Altersvorsorge durch Nettotarife. Grundsätzlich sind Versicherungsprodukte der dritten Altersvorsorgeschicht flexibler als staatlich geförderte Produkte wie „Riester-" oder „Rürup-Policen" der ersten und zweiten Schicht. Hier kann der Versicherungsnehmer zum Ende der Laufzeit zwischen einer Kapitalauszahlung oder einer Verrentung entscheiden und hat während der Ansparphase die Möglichkeit Zuzahlungen zu leisten oder Auszahlungen in Anspruch zu nehmen. Welche Produkte sich letztlich für den Kunden eignen muss dieser gemeinsam mit seinem Berater entscheiden. Ein Beispiel für ein sehr flexiblen Nettotarif ist das Referenzprodukt, welches in Kapitel 4.1 für eine Vergleichsrechnung herangezogen wird. Während bei anderen Anbietern der Fondsanteil und der Anteil der Versicherungspolice starr nebeneinander existieren, ist bei diesem Produkt einmal im Monat ein kostenfreier Wechsel zwischen dem Fondsvermögen und dem Deckungsstock des Versicherers möglich. Ohne prozentuale Vorgaben kann z.B. in schwierigen Börsenphasen bis zu 100 Prozent in den als sicher geltenden „Deckungsstock" investiert werden.[68] Es handelt sich dabei um das gebundene Vermögen eines Versicherungsunternehmens, der eine vollständige Deckung der (privilegierten) Forderungen gewährleistet. Deckungsstöcke müssen getrennt als

---

67 Vgl. Institut für Versicherungswissenschaft: Nettotarifangebot deutscher Versicherungsunternehmen im Privatkundengeschäft, Köln 2011, S.12
68 Vgl. Produkteigenschaften des Tarifs „Ageas My Life Aktiv" in: Ageas Lebensversicherung -
Produktübersicht, elektronisch veröffentlicht [www.ageas.de/Produkte/myLife_Rente/Aktiv]
Stand: 08.12.2011

Sondervermögen verwaltet und auf der erforderlichen Höhe gehalten werden.[69] Im Rahmen der Risikodiversifikation kann der Deckungsstock eine interessante Alternative zu anderen, als sicher geltenden, Anlagen sein. In der Vergangenheit galten z.B. Bundesanleihen als sichere Geldanlage und wurden daher als Sicherheitsausgleich zu Fonds in das Anlageportfolio eingekauft. Der letzte große Börsenabschwung zeigte jedoch auch bei den Bundesanleihen einen hohen Renditeverlust.[70] Sie haben insofern ihr Ziel als Risikoausgleich verfehlt. Der Deckungsstockzins eines Versicherers wird am Jahresende für das neue Jahr festgelegt. Er besteht zum einem aus dem vom Gesetzgeber definierten und für die gesamte Vertragslaufzeit *garantierten* Zins in Höhe von 2,25 Prozent (ab 2012: 1,75 Prozent) zuzüglich garantierter Überschüsse des Versicherers. Eine negative Entwicklung des Deckungsstockvermögens ist somit ausgeschlossen. Die Flexibilität solcher Nettoprodukte ist entscheidend für den lebensbegleitenden Charakter den Fondsgebundene Rentenversicherungen besitzen sollten. In den unterschiedlichen Lebensphasen eines Versicherten kann die Risikobereitschaft variieren, Teilauszahlungen notwendig werden und Zuzahlungen sinnvoll sein.

3.3.3 Erkenntnisse aus der Kapitalanlage

Für den Erfolg einer Fondsgebundenen Rentenversicherung ist die Entwicklung des Fondsvermögens entscheidend. Durch die Berücksichtigung einiger wissenschaftlicher Erkenntnisse können häufig auftretende Anlagefehler vermieden werden. Finanzberater können mit diesem Wissen und der Unterstützung aktueller Literatur selbständig kostengünstige und geeignete Fondsportfolios für ihre Kunden zusammenstellen.

Historische Renditen

Historische Ergebnisse informieren über die jeweiligen maximalen Gewinne und Verluste verschiedener Märkte und sind damit die Grundlage für die Erstellung erfolgreicher Investmentportfolios. Die Universität von Chicago begann bereits

---

69 Vgl. von Fürstenwerth, Frank; Weiß, Alfons: Versicherungsalphabet (VA), Karlsruhe 2001, S.156

70 Vgl. Anhang 5, 6: „DAX Wertentwicklung Q1 2009 bis Q3 2011"; „Renditen 10-jähriger Bundesanleihen"

1925 mit der Datensammlung von Aktienrenditen. Die erste Verschmelzung zwischen akademischer Datensammlung und deren Nutzung durch die Finanzbranche entstand 1960. Louis Engel, der damalige Vize Präsident von Merril Lynch, wandte sich an die Universität mit dem Bedürfnis auch mit Kunden von Finanzprodukten über vergangene Marktrenditen sprechen zu können. Es entstand das „Center for Research in Security Prices" (CRSP), welches bis heute professionell Kursdaten und historische Renditen sammelt.[71]

Diversifikation

Diversifikation wird heute als Verteilung eines Vermögens in mehrere Aktien verschiedener Länder, Währungen und Sektoren verstanden und zählt zu den wichtigsten Instrumenten zur Senkung von Rendite- und Wertschwankungen bei Wertpapieranlagen. Bis zu Beginn der 60er Jahre rieten Finanzexperten dazu, Einzelaktien zu analysieren und auf die möglichen Gewinner zu setzen. Das Buch „The Battle for Investment Survival" leistete einen großen Beitrag dazu. Es wurde erstmals 1935 veröffentlicht und galt lange als das bedeutendste Werk zum Thema Geldanlagestrategien. Nach dem Autor galt es als intelligenter und sicherer Weg das investierte Kapital zu konzentrieren. Lediglich der Anfänger würde Diversifikation benötigen bis er die Regeln lernt.[72] 1952 beschrieb der spätere Nobelpreisträger Harry M. Markowitz die moderne Portfolio Theorie. Er definierte durch die mathematische Standardabweichung eine Erklärung für Risikoreduktion, unterschied zwischen dem Risiko der einzelnen Aktie und ihrer Risikobedeutung im Portfolio und bewies, dass man durch Diversifikation das Risiko senken kann.[73] Eine besonders hohe Bedeutung bekommt die Verteilung von Vermögen auf verschiedene Asset-Klassen seit der Erkenntnis, dass über 90 Prozent der Rendite und der Wertschwankungen durch die im Aktienportfolio enthaltenen Asset-Klassen bestimmt werden. Weniger als 10% der Rendite sind auf die Wertpapiere innerhalb einer Asset-

---

71 Vgl. CRSP: About CRSP, elektronisch veröffentlicht
   [http://www.crsp.com/crsp/about/index.html] Stand: 11.10.2011
72 Vgl. Loeb, Gerald M.; Fischer, Ken: The Battle for Investment Survival, New Jersey 2007, S.103
73 Vgl. Rubinstein, Mark: Markowitz´s Portfolio Selection: A Fifty-Year Retroperspective in: The Journal of Finance, Ausgabe 57, 2002, S.1041–1045

Klasse zurückzuführen.[74] Diversifikation ist vor allem deswegen wichtig, da sich Marktentwicklungen nicht voraussagen lassen. Als optimal gilt eine geringe „Korrelation" zwischen den investierten Unternehmen. Sie lassen dann eine ungleiche Wertentwicklung erwarten. Als vereinfachtes Beispiel wird häufig die „Badehosen AG" und die „Regenschirm AG" angeführt, welche Wetterbedingt gegensätzliche Umsätze erwirtschaften dürften. Sie eignen sich optimal für eine Mischung eines Portfolios, da sie eine perfekt gegenläufige Entwicklung aufzeigen. Man spricht dann von einem Korrelationskoeffizienten von „-1". Eine vollständig unabhängige Entwicklung weist den Wert „0" und eine parallele Entwicklung den Wert „+1" auf. Mit der richtigen Diversifikation lässt sich das Gesamtrisiko eines Portfolios senken ohne auf Rendite zu verzichten.[75]

Der Zusammenhang zwischen Risiko und Rendite

Franco Modigliani und Merton H. Miller beschrieben 1958 erstmals die Kapitalkosten von Unternehmen. Basis der Untersuchungen waren die beiden Möglichkeiten neues Kapital für Unternehmen zu beschaffen, die Aufnahme von Krediten (Vergabe von Unternehmensanleihen) und die Ausgabe von Aktien. Da die Kapitalkosten einer Firma maßgeblich für die erwartete Anlegerrendite war, belegten Sie erstmals, dass Risiko und Rendite untrennbar miteinander verbunden sind. Die Kapitalkosten einer Firma wurden mit der erwarteten Anlegerrendite gleichgesetzt. Miller erhielt 1990 für diese Erkenntnisse ebenfalls die Nobelpreis.[76]

Marktrenditen sind nicht vorhersehbar

Die ersten Modelle zu Aktienkursbewegungen entwarf der Finanzmathematiker Louis Bachelier im Jahr 1900, welche erst 1960 angemessen gewürdigt wurden. Viele wichtige Modelle und Theorien der Finanzmarkttheorie beruhen auf seinen Erkenntnissen. Die von Robert Brown entdeckten zufälligen Bewegungen von

---

74 Vgl. Kommer, Gerd: Souverän investieren mit Indexfonds, Indexzertifikaten und ETFs, Frankfurt/Main 2007, S.69
75 Vgl. Kommer, Gerd: Souverän investieren mit Indexfonds, Indexzertifikaten und ETFs, Frankfurt/Main 2007, S.57-60
76 Vgl. Modigliani, Franco; Miller, Merton H.: The Cost of Capital, Corporation Finance and the Theory of Investment, in: The American Economic Review, 1958, S.261–297

Pollenteilchen waren dabei die Basis der mathematischen und intuitiven Überlegungen in Bacheliers´ Arbeit. Er ging davon aus, dass Handel nur dann entstehen kann wenn Verkäufer von Aktien Kursverluste und die Käufer Kursgewinne erwarten. Seine Folgerung war, dass der Erwartungswert somit Null ist und Kursbewegungen nicht vorhersehbar sind. In einer vereinfachten Annahme geht er von einer 50-prozentigen Wahrscheinlichkeit aus, ob Kurse steigen oder fallen. Dies käme einem Münzwurf gleich. Die Erkenntnis bedeutet auch eine vollständige Nutzlosigkeit von Aktienkurscharts. Passend dazu findet man auf vielen Fonds-Informationsblättern den Hinweis: „Wertentwicklungen der Vergangenheit lassen keine Rückschlüsse auf zukünftige Wertentwicklungen zu". Die Wahrscheinlichkeiten für Kursbewegungen lassen sich dagegen berechnen. Bachelier berechnete das Verhalten von Kursbewegungen und bestimmte eine in Prozent ausgedrückte „Volatilität". Je höher diese Kennzahl ausfällt, desto häufiger wird der Kurs Schwankungen unterliegen.[77]

Effiziente Märkte

Für das „richtige" investieren nach wissenschaftlichen Erkenntnissen ist auch die Frage nach der Effizienz der Märkte von hoher Bedeutung. Märkte werden dann als effizient bezeichnet, wenn alle öffentlich zugänglichen Informationen bereits in den Wertpapierkursen enthalten sind. Die *Effizienzmarkthypothese* wurde durch die 1969 veröffentlichte, empirische Studie von Eugene Fama als bewiesen angesehen. Aus seiner Sicht ist es schwierig bis unmöglich überdurchschnittliche Marktrenditen zu erzielen ohne erhöhte Risiken einzugehen. Auch mit fundierten Informationen würden es Investoren nicht schaffen einzelne Aktien zu identifizieren, die einen höheren Wert als den Marktwert hätten. Der aktuelle Marktwert gibt folglich die beste Auskunft über die Entwicklung künftiger Preisentwicklungen.[78] Die Effizienzmarkttheorie ist für viele Anleger ernüchternd. Die meisten Aktienanleger kaufen Aktien in der Annahme, dass die Papiere mehr wert sind als der Preis, den sie dafür zahlen.[79]

---

[77] Vgl. Goldman Sachs (Hrsg.): Köpfe der Finanzmarkttheorie, in: KnowHow, Heft 7/2007, S.19-23

[78] Vgl. Fama, Eugene: Efficient Capital Markets in Journal of Finance, 1970, S.383-417

[79] Vgl. Kommer, Gerd: Souverän investieren mit Indexfonds, Indexzertifikaten und ETFs, Frankfurt/Main 2007, S.33, 34

Der „Small Cap Effect"

Eine weitere wichtige Entdeckung im Bereich des wissenschaftlichen Investierens stellt der „Small Cap Effect" dar. Er beschreibt die Tatsache, dass kleinere Unternehmen langfristig eine höhere Rendite erwarten lassen als große Unternehmen. Seine Existenz wurde schon zu Beginn der Achtziger Jahre beschrieben:

> *An analysis of 510 firms over a 10-year period indicates that the shares of those firms neglected by institutions outperform significantly the shares of firms widely held by institutions. The superior performance persists over and above any "small firm effect", that is, both small and medium-sized neglected firms exhibit superior performance. The "neglected firm effect" suggests some potentially rewarding investment strategies for individuals and institutions alike.[80]*

Aus den überprüften Studien können folgende Erkenntnisse zusammengefasst werden:

- Die Betrachtung historischer Renditen belegt:
  Märkte funktionieren - sie zahlen dem Anleger bei langen Zeiträumen eine risikogerechte Rendite zurück
- Diversifikation senkt das Risiko ohne auf Rendite zu verzichten
- Risiko und Rendite sind untrennbar miteinander verbunden
- Wertpapierkurse lassen sich nicht vorhersagen
- Die Struktur eines Portfolios erklärt die künftige Performance
- Kosten sind entscheidend für den Anlageerfolg

3.3.4 Der Misserfolg aktiver Vermögensverwaltung

Bei einem klassischen Investmentfonds ist ein Fondsmanager mit der Aufgabe betraut, das von Kunden investierte Kapital zu verwalten und es im Sinne der zu Beginn festgelegten Strategie anzulegen. Als Messwert für die Leistung des Fondsmanagers wird in den meisten Fällen ein Vergleichsindex (Benchmark) herangezogen, der einen Durchschnitt repräsentieren soll. Eine Aussagekraft

---

80 Vgl. Financial Analysts Journal: Giraffes, Institutions and Neglected Firms, 1983, S. 57-63

besitzt diese Benchmark nur dann, wenn sie mit dem Fonds vergleichbar ist. Unterschieden wird hierbei die Verteilung auf verschiedene Länder, Währungen und Sektoren. Der häufig zum Vergleich herangezogene Weltindex MSCI World beinhaltet z.B. die Aktien weltweiter Unternehmen. Vergleicht man ihn mit einem ausschließlich in Deutschland investierenden Fonds, so hätte dies nur eine geringe Aussagekraft. Das gleiche gilt für die Investition in unterschiedliche Währungen und Sektoren wie den Dienstleistungs- oder Industriesektor. Neben der Frage, wo und wie investiert wird, spielt letztlich auch die Gewichtung eine Rolle für die Vergleichbarkeit. Selbst nach akribischer Berücksichtigung dieser Kriterien ist die Leistung eines Fondsmanagers nur sehr schwierig zu beurteilen, da zwischen den natürlichen Marktrenditen und den Folgen aktiven Handelns unterschieden werden muss. Die Bewertung aktiver Fondsmanager bzw. die Bewertung der erwirtschafteten Renditen fällt in zahlreichen Studien und der Fachliteratur negativ aus. Dagegen lässt sich bisher keine Studie und kein Fachbuch ausmachen welches in einer langfristigen Betrachtung die Kosten- oder Renditevorteile darstellt, die durch das aktive Management von Vermögen entsteht. David F. Swensen ist als Chief Investment Officer an der Yale Universität tätig und verwaltet ein Stiftungsvermögen von 14 Milliarden Dollar. In seinem Buch fasst er zusammen:

> *„Die Chancen der Investoren, einen aktiv gemanagten Fonds zu finden, der risikoadjustierte, übermäßige Performance erzielt, stehen absolut schlecht.[...] Für das Versagen der gewinnorientierten Investmentfonds-Branche existieren eindeutige Beweise. Der unweigerlich bestehende Konflikt zwischen der treuhänderischen Verantwortung, hohe und risikooptimierte Renditen für die Investoren zu erzielen, sowie der Motivation, für die Investmentfonds-Gesellschaften saftige Gewinne zu erwirtschaften, geht stets zugunsten der Unternehmensgewinne aus. Die Anlegerrenditen verlieren."* [81]

Dieser Meinung schließen sich andere Wissenschaftler an. Dazu gehört z.B. Prof. Dr. Martin Weber, Professor für Finanzwirtschaft an der Universität

---

[81] Swensen, David F.: Erfolgreich investieren – Strategien für Privatanleger, Hamburg 2007, S.465

Mannheim. In seinem an Privatanleger gerichteten Buch „Genial einfach investieren" beschreibt er nach der Darstellung grundlegender Erkenntnisse der theoretischen, empirischen und psychologischen Forschung die Vorteile des „passiven Investierens" durch sogenannte Exchange Traded Funds (ETF´s), die kostengünstig den Marktdurchschnitt abbilden. Durch die Investition in den Marktdurchschnitt können Anleger den Fehler vermeiden, vermeintlich günstige Markteintritts und -austrittsphasen bestimmen zu wollen (Market Timing) oder der Ansicht zu sein, durch Auswahl einzelner Aktientitel (Stock Picking) höhere Renditen erzielen zu können. Diese passive Anlageform wird in Kapitel 3.3.5 näher erläutert.

Zu dem Entschluss auf ein aktives Fondsmanagement verzichten zu können, kommt Professor Dr. Martin Weber durch mehrere Feststellungen. Auch er sieht es nach Prüfung statistischer Eigenschaften von Aktienzeitreihen, Markteffizienztheorien und Beobachtungen zur Entstehung von Renditen als bewiesen an, dass Aktienkurse und Aktienrenditen einem Zufallspfad folgen, der nicht vorhergesagt werden kann. Er ist der Ansicht, dass eine als „Outperformance" bezeichnete, über dem Marktdurchschnitt liegende Rendite, nur auf Basis von Insiderinformationen oder Inkaufnahme eines höheren Risikos gelingt. Das selbst ausgewiesene Finanzprofis den Marktdurchschnitt über lange Zeiträume nicht übertreffen können belegt er mit einer Reihe ausgewerteter Studien:[82]

Studie	Datenbasis	Ergebnisse
Griese/Kempf	Deutschland, 1980-2000, 123 Aktienfonds	☐ Underperformance von 1,2 bis 1,5 Prozentpunkten pro Jahr nach Kosten
Jensen (1968)	USA, 1945-1964, 115 Aktienfonds	☐ Underperformance von 1,1 Prozentpunkten pro Jahr vor Kosten
Brinson/Hood/ Beebower (1986)	USA, 1974-1983, 91 Pensionsfonds	☐ Underperformance von 1,1 Prozentpunkten pro Jahr nach Kosten ☐ Market Timing und Stock Picking senken die Nettorendite[83]

---

82 Vgl. Weber, Martin: Genial einfach investieren, Frankfurt 2007, S.30-45, 65, 68, 73
83 Vgl. Kapitel 3.3.4: „Der Erfolg aktiver Vermögensverwaltung"

Malkiel (1995)	USA, 1971-1991, 239 Aktienfonds	☐ Underperformance von 2,0 Prozentpunkten vor und 3,2 Prozentpunkten nach Kosten
Gruber (1996)	USA, 1985-1994, 270 Aktienfonds	☐ Geringe Outputperformance vor Kosten. Underperformance von 1,94 Prozentpunkten gegenüber S & P 500 und 0,65 Prozentpunkten pro Jahr gegenüber Vier-Faktor-Modell nach Kosten
Wermers (2000)	USA, 1975-1994, 1788 Aktienfonds	☐ Outperformance von 1,3 Prozentpunkten pro Jahr vor Kosten, Underperformance von 1,0 Prozentpunkten pro Jahr nach Kosten
Malkiel (2003)	USA, 1979-2001, 355 Aktienfonds	☐ Underperformance von 98 Prozent der Fonds über einen Zeitraum von 30 Jahren

Abbildung 5: Empirische Studien zur Performance von Finanzprofis

Zu einem ebenfalls deutlichem Ergebnis kam eine Studie des IBM Institute for Business Value. Erstmals wurde eine globale Schadenssumme in Höhe von 1,3 Billionen Dollar jährlich errechnet, die durch die Befragung von 2600 Experten aus der Finanzindustrie und Regierungskreisen in 84 Staaten ermittelt wurde. Auch IBM vertritt die Ansicht, dass nur die wenigsten Fondsmanager in der Lage sind „ihren" Vergleichsindex zu übertreffen. Folglich wurden sämtliche Kosten, die durch die Fondsmanager verursacht wurden, als Verschwendung klassifiziert. Auch Finanzwissenschaftler Dirk Nitzsche von der Cass Business School in London setzt sich seit Jahren mit der Qualität von Investmentfonds auseinander. Er untersuchte 550 deutsche Aktienfonds zwischen 1990 und 2009. Im Ergebnis erreichten 83 Prozent der Fonds ihren Erfolg durch Zufall. In seiner Statistik gab es keinen Fonds, dessen Erfolg auf das Können des Fondsmanagers zurückzuführen ist.[84]

Die Kosten aktiven Fondsmanagements

Die Kosten aktiv gemanagter Fonds sind beträchtlich. Nach einer Untersuchung aus dem Jahr 2009 haben die privaten Anleger bereits vor der Finanzkrise ein Viertel bis ein Drittel der Marktrendite auf Grund von Kosten einbüßen

---

84 Vgl. Sueddeutsche.de (Hrsg.): Die Billionen-Vernichter, elektronisch veröffentlicht [http://www.sueddeutsche.de/geld/2.220/geldanlage-fondsmanager-die-billionen-vernichter-1.1092800] Stand: 18.10.2011

müssen.[85] Bei Investmentfonds fallen im Vergleich zu Direktanlagen in Aktien und Anleihen deutlich mehr Gebühren an. Es entstehen einmalige Kosten bei Erwerb (Ausgabeaufschlag) und Rücknahme (Rücknahmeabschlag) sowie laufende Kosten in Form von Management-, Depotbank-, Prospekt- und Beratungskosten. Gegebenenfalls kommen noch fondsbezogene Steuern und sonstigen Gebühren hinzu. Nicht quantifizierbar sind die Kosten, die innerhalb des Fondsvermögens entstehen. Dazu zählen Transaktionskosten, Kosten für die Erzeugung von Garantien und Performancegebühren.[86]

Die Höhe der gesamten Kosten eines Investmentfonds betragen im Durchschnitt 3,4 Prozent.[87] Für eine angenommene Marktrendite von 8 Prozent bedeutet diese Kostenbelastung, dass der Anleger nur 4,6 Prozent ausgezahlt bekommt. Zusätzlich sind Steuerabgaben und bei langen Sparprozessen die Inflation zu berücksichtigen.

Transaktionskosten

Als wesentliche Kostengröße bezeichnet Professor Dr. Martin Weber die Handelskosten (Transaktionskosten) für Privatanleger. Sie sind nicht in der Gesamtkostenquote (TER) enthalten und zählen zu den größten Gebührenposten überhaupt.[88] Auf Grund dieser Kosten können nach seinen Erkenntnissen mit klassischen Fonds nicht einmal durchschnittliche Renditen am Kapitalmarkt erzielt werden. Sie belaufen sich auf 1-3 Prozent p.a., bei Anlegern die viel handeln z.B. durch die regelmäßige Umschichtung des Investmentdepots, sogar auf 5 Prozent.[89] Diese Aussage wird durch die Untersuchungen der amerikanischen Professoren Odean und Barber unterstützt. Sie analysierten

---

85 Vgl. Handelsblatt: Überteuerte Produkte - Bundesbank warnt Anleger vor Banken, elektronisch veröffentlicht
[http://www.handelsblatt.com/finanzen/fonds/nachrichten/bundesbank-warnt-anleger-vor-banken/3766778.html?p3766778=all] Stand: 03.11.2011
86 Vgl. Ortmann, Mark: Kostenvergleich von Altersvorsorgeprodukten, Baden-Baden 2010, S.56
87 Vgl. Anhang 7: „Durchschnittskosten eines Investmentfonds"
88 Vgl. Handelsblatt: Mit TER die Kosten im Griff, elektronisch veröffentlicht
[http://www.handelsblatt.com/finanzen/fonds/nachrichten/mit-ter-die-kosten-im-griff/2995234.html?p2995234=all] Stand: 13.11.2011
89 Vgl. Weber, Martin: Genial einfach investieren, Frankfurt 2007, S.55

1991 bis 1996 das Handelsverhalten von 66.465 Privatanlegern. In diesem Zeitraum bewirkten die Transaktionskosten bei häufig agierenden Anlegern eine Verschlechterung der Nettorendite in Höhe von 6 Prozent:[90]

Originaldarstellung der Barber/Odean Untersuchung. Verschiedene Investorengruppen nach monatlichem Umsatz und unterschiedlicher Transaktionshäufigkeit

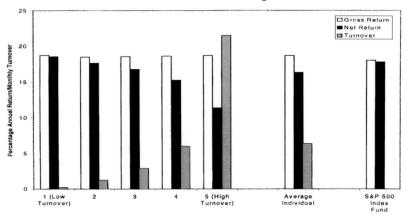

Abbildung 6: Minderung der Rendite durch die Transaktionshäufigkeit

3.3.5 Umsetzung einer passiven Anlagestrategie

Nach den zuvor dargestellten geringen Erfolgsaussichten aktiver Investmentfonds kann eine passive Anlagestrategie mit ETF´s (Exchange Traded Funds) eine erfolgversprechende Alternative sein. Die Unterschiede der Strategien lassen sich wie folgt zusammenfassen:[91]

	Aktives Investieren	Passives Investieren
Ziel	Besser sein als der Markt	Erreichen der Marktrendite bei möglichst geringen Kosten

---

90 Vgl. Barber, Brad M.; Odean, Terrance: Trading is Hazardous to Your Wealth, in: Journal of Finance, 2000, S.775
91 Vgl. Kommer, Gerd: Souverän investieren mit Indexfonds, Indexzertifikaten und ETFs, Frankfurt/Main 2007, S.177

Strategie	Spekulativ, Wetten gegen den Markt werden eingesetzt wie Stock Picking oder Market Timing	Anleger kauft den gesamten Markt, diversifiziert global, Buy-and-Hold Strategie
Transaktionskosten und Steuern	Hoch	Niedrig
Arbeitsaufwand und nervliche Belastung für Anleger	Hoch	Niedrig
Bekanntheitsgrad	Hoch	Gering
Verbreitungsgrad unter deutschen Privatanlegern	Über 90%	Weniger als 10%
Anhänger / Unterstützer	Banken, Fondsgesellschaften, fast alle Vermögensberater, Finanzmedien	Wissenschaftler zum Teil mit Nobelpreisen, Spezialisierte Fondsgesellschaften
Objektive Nettorendite des durchschnittlichen Anlegers	2 bis 5 Prozentpunkte unter der Marktrendite	Marktrendite abzüglich ca. 0,5 Prozent (je nach Kosten des ETF)

Abbildung 7: Aktives und passives Investieren im Vergleich

Der Finanzwissenschaftler Gerd Kommer empfiehlt die Abbildung einer kostengünstigen, breit gestreuten Anlagestrategie über ein *passives Weltportfolio*. Dafür muss zunächst eine optimale Depotmischung gefunden werden. Mit den Informationen historischer Daten lässt sich ein geschätzter maximaler Verlust und eine Renditerwartung bestimmen. Der Anleger wählt anschließend ein geeignetes Portfolio, welches zu seiner Risikobereitschaft passt.[92] Die Wahl eines bestimmten Portfolios sollte jedoch auch von anderen Aspekten abhängig gemacht werden. Dazu zählt die emotionale Stressresistenz, die Höhe der frei verfügbaren Finanzmittel pro Monat, die Höhe der Notreserve, der Mindestanlagehorizont sowie die geschätzte Abhängigkeit zwischen dem Berufseinkommen und den Aktienmarktrenditen.[93]

---

[92] Vgl. Anhang 8: „Ermittlung einer optimalen Depotmischung (Asset-Allokation)", aus: Gerd Kommer: Souverän investieren mit Indexfonds, Indexzertifikaten und ETFs, Frankfurt/Main 2007, S.210

[93] Vgl. Kommer, Gerd: Die Buy and Hold Bibel, Frankfurt/Main 2007, S.151-154

Nach der Festlegung eines bestimmten Portfolios bzw. Risikobereitschaft empfiehlt Kommer nach der modernen Portfoliotheorie ein Weltportfolio mit passiven Fondsanlagen.[94] Es soll dem Kunden die Rendite, aber auch das Risiko des Kapitalmarktes liefern. Die Rendite wird nur durch geringfügige Kosten geschmälert. Ein Outperformance wird nicht angestrebt, weder durch die Konzentration auf Einzelaktien noch durch die Ausnutzung des besten Handelszeitpunktes. Das Risiko wird durch die weltweite Ausrichtung verteilt. Als Passivfonds werden „Exchange Traded Funds" (ETF´s) eingesetzt. In der Versicherungsbranche werden diese häufig in Nettopolicen angeboten. Bei Policen auf Provisionsbasis findet man die Passivfonds dagegen selten.

Im Gegensatz zu einer Anlage in klassische Investmentfonds wird kein Fondsmanager und kein Investmentteam mit der Betreuung und Verwaltung des Fondsvermögens beauftragt. ETF´s bilden lediglich einen Index ab wie z.B. den deutschen DAX Index. Dabei verbinden sie die positiven Aspekte normaler Investmentfonds mit den Vorteilen von Einzelaktien. Investmentfonds werden durch die deutschen Behörden reguliert, sind äußerst vielfältig und stellen ein eigenes Vermögen dar. Das Fondsvermögen ist Gemeinschaftseigentum und in verschieden hohe Anteile aufgeteilt. Es existiert somit kein einzelner Eigentümer der zahlungsunfähig werden kann (Emittenten-Risiko). Für den An- und Verkauf von Fondsanteilen sind die jeweiligen Fondsgesellschaften verantwortlich, die gesetzlich verpflichtet sind, täglich einen Ausgabe- und Rücknahmepreis zu stellen und Fondsanteile jederzeit zurückzunehmen. ETF´s können wie Einzelaktien, täglich an Börse gehandelt werden. Folglich lässt sich der Preis und die Fondsentwicklung ständig kontrollieren.

---

[94] Vgl. Anhang 10: „Gestaltung einer globalen Asset-Allokation mit Berücksichtigung der Risikobereitschaft (Weltportfolio)", eigene Darstellung nach: Gerd Kommer: Souverän investieren mit Indexfonds, Indexzertifikaten und ETFs, Frankfurt/Main 2007, S.231

Historie von ETF´s

Der erste Indexfonds für Privatanleger war der S&P 500 Indexfonds. Er wurde 1975 vom amerikanischen Vermögensverwalter *Vanguard* aufgelegt. Er stellt als Kursindex 500 Kursnotierungen amerikanischer Aktiengesellschaften dar und gilt als Indikator für den gesamten US-amerikanischen Aktienmarkt. Sein Ziel war es, die marktdurchschnittliche Rendite zu erreichen. Da aktive Fonds stets versuchen besser als der Marktdurchschnitt zu sein, begeisterte dieser Ansatz zunächst nur sehr wenige Anleger. Der Fonds hielt knapp 15 Jahre lang nur ein geringes Volumen. Erst in den 80er und 90er Jahren wuchs das Fondsvermögen an. Im Jahr 2000 wurde er zum größten Fonds der Welt. Schon im Jahr 2008 verzeichneten ETFs höhere Mittelzuflüsse als aktive Fonds. Inzwischen gibt es diese Produkte von verschiedenen Anbietern und für fast alle Anlagenklassen, einschließlich inländischer Aktien, ausländischer Aktien, Aktien entwickelter Märkte, Aktien aufstrebender Märkte, inländischer Anleihen, inflationsindexierter Anleihen und Immobilien. Aufgrund dieser breiten Marktabdeckung können Anleger ein gut diversifiziertes Portfolio aufbauen, das ausschließlich ETF´s enthält.[95] Nachdem bereits über 1,3 Billionen Dollar in die kostengünstigen Indexfonds geflossen sind, gibt es neben den Befürwortern auch Kritiker. Die bisher größte Kritik bezog sich auf die Unterscheidung zwischen „Swap-basierten" und „voll-replizierenden" ETF´s. Bei dieser hundertprozentigen Kopie eines Indizes wird jede einzelne Aktie gemäß des Fondsanteils gekauft. Eine exakte Abbildung verursacht häufig hohe Kosten oder ist unmöglich. Während der DAX Index lediglich die 30 größten und umsatzstärksten Unternehmen widerspiegelt die an der Frankfurter Wertpapierbörse gelistet sind, bildet z.B. der MSCI World Aktien aus 23 verschiedenen Ländern ab. Folglich ist die Abbildung des DAX Index deutlich einfacher. Während es dort nur eine Währung und wenige Aktienwerte gibt, muss ein ETF bei der Abbildung des MSCI World Index in verschiedene Währungen investieren. Die Rendite einiger Aktienwerte kann nur in Zusammenarbeit mit einem „Swap-Partner" dargestellt werden.

---

[95] Vgl. Swensen, David F.: Erfolgreich investieren – Strategien für Privatanleger, Hamburg 2007, S.430

Globale Entwicklung des in Exchange Traded Funds (ETF´s) investierten Volumens in Millionen US-Dollar. Eigene Darstellung nach: Blackrock ETF Landscape[96]

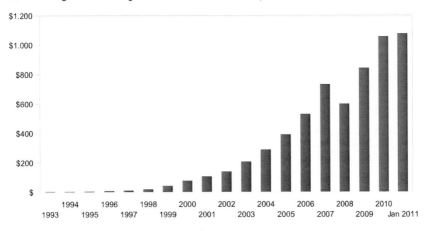

Abbildung 8: Anlagevolumen von Exchange Traded Funds (ETFs)

Man spricht dann von einem „Swap-basierten" ETF. Der Swap-Partner ist nicht gezwungen bestimmte Aktienwerte zu kaufen sondern garantiert lediglich deren Wertentwicklung. Da nicht mehr ausschließlich in Aktienwerte investiert wird, besteht neben dem Aktien- zusätzlich ein Emittentenrisiko. Ist der Swap-Partner zahlungsunfähig, so fällt das Kapital nicht in das rechtlich geschützte Sondervermögen und ist verloren. Allerdings ist dieses Risiko auf maximal 10% des Fondsvermögens beschränkt.[97]

Kosten

ETF´s sind in der Regel deutlich günstiger als aktiv gemanagte Fonds. Die durchschnittliche TER (Gesamtkostenquote) für passive Fonds in Europa liegt bei 0,37% (Aktienfonds).[98] Die Transaktionskosten lassen sich bei passiven Anlagestrategien ähnlich schlecht herausfinden wie bei aktiven Fonds. Da bei

---

96 Vgl. Blackrock ETF Landscape: Global ETF and ETP asset growth, 2010, S.6

97 Vgl. Börse Frankfurt: Swap-ETFs – Dividenden steuerfrei einstreichen, elektronisch veröffentlicht [http://www.boerse-frankfurt.de/DE/index.aspx?pageID=44&NewsID=507] Stand: 18.10.2011

passiven Fonds lediglich ein Marktindex wie z.B. der DAX Index abgebildet wird, entstehen Transaktionskosten nur auf Grund von Veränderungen im Index. Transaktionen kommen damit weniger häufig vor als bei der Arbeit von Fondsmanagern. Das Einsparpotenzial für Privatanleger durch den Umstieg auf kostengünstige Fondslösungen wie ETF´s und das längere Halten von Kapitalanlagen liegt laut dem Hamburger Consultingunternehmen *CapQM* bei bis zu 10 Milliarden Euro pro Jahr.[99] Doch auch die Kosten von ETF´s sollten immer überprüft werden. Inzwischen existieren Passivfonds, die die Kosten von aktiv gemanagten Fonds sogar übersteigen. So warnt David F. Swensen davor, dass Investoren mit derselben Vorsicht mit dem ETF Markt umgehen sollten, wie bei anderen Finanzdienstleistungen. Das Wachstum der ETF Anlagen sorge dafür, dass immer mehr Produkte auf den Markt gelangen, die zunehmend schlechter strukturiert und teuer sind.[100] Einige Anbieter bieten inzwischen kostengünstige Gesamtlösungen auf ETF Basis an. Beispiele dafür sind der *Weltfonds* von Prof. Dr. Martin Weber[101] und der Indexfonds „*db x-trackers Portfolio*"[102] der Deutschen Bank.

---

98 Vgl. Morningstar: Geringe Kosten sind das beste Investment, elektronisch veröffentlicht [http://www.morningstar.de/de/news/99292/p_article.aspx] Stand: 15.11.2011

99 Vgl. Handelsblatt: Überteuerte Produkte - Bundesbank warnt Anleger vor Banken, elektronisch veröffentlicht [http://www.handelsblatt.com/finanzen/fonds/nachrichten/bundesbank-warnt-anleger-vor-banken/3766778.html?p3766778=all] Stand: 03.11.2011

100 Vgl. Swensen, David F.: Erfolgreich investieren – Strategien für Privatanleger, Hamburg 2007, S.432

101 Vgl. Produktinformationen zum Weltfonds, elektronisch veröffentlicht [ww.arero.de] Stand: 18.10.2011

102 Vgl. DB x-trackers: Produktinformationen der Deutschen Bank, elektronisch veröffentlicht [http://www.etf.db.com/DE/DEU/ETF/LU0397221945/DBX0BT/PORTFOLIO_TR_INDEX_ETF.html?pketf=118&strdisclaimerleverage=&strdisclaimereonia=&stinvestortyp=priviny] Stand: 18.10.2011

3.4 Bewertung

Die aktuellen Rahmenbedingungen lassen eine Beratung auf Honorarbasis zu. Kunden sind bereit für eine Beratung und Vermittlung von Nettoprodukten Honorar zu zahlen wenn der Berater die verschiedenen Produkteigenschaften ausführlich erläutert. Die rechtlichen Voraussetzungen sind für den Versicherungsberater und den Versicherungsmakler gegeben. Einschränkungen gibt es in Bezug auf die Auswahl von Nettotarifen. Die Forschungsergebnisse aus der Finanzwirtschaft führen zwingend zu der Erkenntnis, dass ein aktives Handeln durch Fondsmanager keine dauerhaften Erfolgsaussichten hat. Mit der Analyse eines Risikoprofils und der Umsetzung eines Weltportfolios auf ETF Basis kann eine einfache, breit gestreute und günstige Geldanlagestrategie realisiert werden. Auf die professionelle Unterstützung eines Beraters sollten Anleger dennoch nicht verzichten. Aus der fehlenden Transparenz und den hohen Kosten klassischer Provisionsprodukte entsteht ein hohes Erfolgspotenzial für alternative Produktlösungen und Beratungswege.

4 Auswirkungen

Die Realisierung der Honorarfinanzberatung hat für die verschiedenen Anspruchsgruppen unterschiedliche Auswirkungen. Durch das rechtlich erlaubte, hybride Angebot beider Vergütungsmodelle, kann der Verbraucher bei einem Versicherungsmakler zwischen beiden Beratungsmodellen wählen. Welche Chancen und Risiken das Honorarberatungsmodell beinhalten kann, wird im folgenden aufgezeigt. Die Auswirkungen einer beruflichen Veränderung des Versicherungsmaklers zum Honorarberater sowie die Möglichkeiten und Gefahren für neue Produktanbieter werden ebenfalls beispielhaft dargestellt.

4.1 Vor- und Nachteile für Versicherungsnehmer
Auswirkungen auf die Beratungsqualität

Grundsätzlich ist die Qualität eines Beraters zunächst unabhängig von der Frage zu betrachten, wie dieser vergütet wird.[103] Ein Finanzberater sollte in der Lage sein eine ausführliche Bedarfsanalyse durchzuführen, um die wichtigsten Anlageziele zu definieren. Bestimmte Formen der Geldanlage und Rentenversicherungsverträge sollten erst empfohlen werden, wenn vorher die existenzbedrohenden Risiken abgesichert wurden. Dazu gehört die Vermittlung einer privaten Haftpflichtversicherung, die vor Schäden in Millionenhöhe schützen kann, wenn einem Dritten ein Schaden zugefügt wurde. Ebenfalls wichtig ist die Berufsunfähigkeitsversicherung, die Krankenversicherung und die Risikolebensversicherung, die im Todesfall die Angehörigen absichert.[104] Im Bereich der Vermögensanlage sollten die Anlageziele, die Vermögenssituation, gegebenenfalls bestehende Schulden und die Risikobereitschaft eines Kunden abgefragt werden. Ein guter Berater informiert außerdem über die Anlagekriterien Rendite, Sicherheit und Flexibilität. Qualitätsmerkmale sind außerdem neutrale Qualifikationen und eine umfangreiche, kundenorientierte

---

103 Vgl. DAS INVESTMENT.COM: Woran erkennt man einen guten Finanzberater?, elektronisch veröffentlicht
[http://www.dasinvestment.com/berater/news/datum/2010/05/21/finanzfrage-der-woche-woran-erkennt-man-einen-guten-finanzberater/] Stand: 14.12.2011
104 Vgl. Bund der Versicherten (BdV): Versicherungen – Richtig auswählen und dabei sparen, München 2009, S.16

Protokollierung des Beratungsgesprächs.[105] Eine Steigerung der Beratungsqualität kann sich dagegen durch eine erhöhte Objektivität des Honorarberaters ergeben.

Objektivität

Berater profitieren in der Regel von der Vermittlung neuer Produkte. Neue Investmentfonds oder Neuabschlüsse von Versicherungsprodukten führen somit zu einem höheren Einkommen. Aus Kundensicht führen häufige Transaktionen dagegen zu einer schlechteren Rendite.[106] Die Ziele des Beraters und die des Kunden unterscheiden sich damit im Grundsatz. Erst wenn beide Parteien auf derselben Seite stehen, kann ein Finanzberater objektive Empfehlungen abgeben. Ein Beispiel ist die von Wissenschaftlern empfohlene, passive Anlagestrategie.[107] Diese wird häufig nur von Honorarberatern vorgestellt, da die Verdienstmöglichkeiten für klassische Vermittler gering sind. Gegen ein laufendes Betreuungshonorar kann der Berater Änderungen vornehmen ohne dabei die Rendite des Kunden zu schmälern. Mehr Objektivität entsteht auch durch die Produktunabhängigkeit des Honorarberaters. Er erhält das gleiche Honorar für die verschiedensten Rentenversicherungsprodukte. Er favorisiert keine bestimmten Anbieter auf Grund höherer Provisionen.

Transparenz

Durch maximale Transparenz kann sich der Honorarberater positiv von seinen Mitbewerbern unterscheiden. Alle Kosten und deren finanzmathematischen Auswirkungen können aufgezeigt werden. Durch die Vermittlung eines günstigeren Produkts entsteht für ihn kein Nachteil.

---

105 Vgl. Verbraucherzentrale Baden-Württemberg: Gute Altersvorsorgeberatung erkennen!, elektronisch veröffentlicht [http://www.vz-bawue.de/mediabig/61311A.pdf] Stand: 11.10.2011
106 Vgl. Abbildung 6: „Minderung der Rendite durch die Transaktionshäufigkeit"
107 Vgl. Kapitel 3.3.5: „Umsetzung einer passiven Anlagestrategie"

Flexibilität

Die Flexibilität eines Altersvorsorgeproduktes ist grundsätzlich von der „Altersvorsorgeschicht" abhängig.[108] Weitere Entscheidungen über die Produkteigenschaften trifft der jeweilige Anbieter. Denkbar ist zukünftig eine erhöhte Flexibilität durch die Zahlung von Betreuungshonoraren. Im Rahmen des Betreuungsvertrages kann der Honorarberater ein neues Versicherungsprodukt ohne zusätzliches Honorar vermitteln. Der Kunde hätte damit die Chance, stets das für ihn beste Produkt im Portfolio zu haben, ohne neue Kosten zu verursachen.

Höhere Rückkaufswerte: Bei Rücktritt, Kündigung oder nach einer wirksamen Anfechtung des Versicherungsnehmers erhält dieser einen Rückkaufswert in Form eines Geldbetrags vom Versicherungsunternehmen.[109] Dieser ist bei Versicherungsverträgen in den ersten Jahren gering. Zwischen 1994 und 2008 konnten diese sogar bei Null liegen. Dies liegt auch an dem seit über 100 Jahren praktizierten „Zillmerungsverfahren". Sämtliche Provisionseinnahmen werden direkt an den Vermittler ausgezahlt. Damit verringern sich die tatsächlich eingezahlten Sparbeiträge in den ersten Jahren besonders stark. Es ergibt sich dann aus der finanzmathematischen Logik, dass jeder Euro, den man durch die Zillmerung verliert, in zwanzig Jahren das Vermögen und drei Euro schmälert.[110] Bei Nettoprodukten ohne Abschlusskosten greift dagegen der für den Verbraucher positive Zinseszinseffekt. Bei Nettoprodukten mit einer geringen Kostenbelastung und moderater Risikostruktur ergibt sich häufig schon nach einem Jahr ein Rückkaufswert, der den Wert der eingezahlten Beiträge übersteigt.

Veränderungen der Rendite

Grundsätzlich muss die Überlegung stattfinden wodurch Renditen erwirtschaftet werden. Im Anlagebereich entstehen Renditen durch die Entwicklung von

---

108 Vgl. Kapitel 3.3.2: „Versicherungsprodukte auf Nettobasis"
109 Vgl. von Fürstenwerth, Frank; Weiß, Alfons: Versicherungsalphabet (VA), Karlsruhe 2001, S.543
110 Vgl. Evers & Jung: Anforderungen an Finanzvermittler – mehr Qualität, bessere Entscheidungen, Hamburg 2008, S.74

Märkten. Entwickelt sich z.B. der deutsche Markt langfristig positiv, so spricht man von einer positiven Marktrendite. Von dieser Marktrendite müssen Produktkosten abgezogen werden. Dies können Kosten für Investmentfonds sein, über die der deutsche Markt abgebildet wurde. Man erhält dann eine Produktrendite. Anschließend wird die Rendite durch Depotbankgebühren und der Berücksichtigung von Inflations- und Steuereffekten erneut geschmälert. Erst dann entsteht die Netto-Kundenrendite. Die Rendite einer Fondsgebundenen Rentenversicherung ergibt sich aus den Zinsen des Versicherers und der Entwicklung der Fonds abzüglich der entstandenen Kosten.

Beispielhafte Vergleichsrechnung

Um die Gesamtkosten zwischen der Vermittlung eines klassischen Provisionsprodukts und einer Honorarfinanzberatung vergleichen zu können, müssen einige Werte wie z.B. die Kostenangaben der Versicherer, die angenommene Marktrendite, der monatliche Sparbeitrag und die Honorarhöhe in einer Vergleichsrechnung erfasst werden. Sollen auch steuerliche Komponenten berücksichtigt werden, nimmt die Komplexität dieser Vergleichsrechnung zu. Einige Finanzdienstleister bieten bereits entsprechende Software zur Ermittlung der Gesamtkosten und der möglichen Ablaufleistung an. Aus der in Kapitel 3.1 beschriebenen Studie des Unternehmensberaters MC4MS ergibt sich eine erhöhte Bereitschaft zur Honorarzahlung wenn dem Versicherungsnehmer die Kosten beider Beratungsmodelle bekannt sind. Zur konkreten Gegenüberstellung der Gesamtkosten wird im folgenden eine Vergleichsrechnung dargestellt. Die bei der Honorarberatung fällige, einmalige Vergütung des Versicherungsmaklers wird dabei als Zuzahlung bei den Alternativen „Sparplan Bank" und „Bruttopolice" berücksichtigt. Unterschiedliche Fondskosten ergeben sich aus der jeweiligen aktiven bzw. passiven Anlagestrategie. Für die drei Alternativen wird ein Monatsbeitrag von 150 EUR und eine Laufzeit von 30 Jahren unterstellt.

Aus den Bedingungen eines Versicherers gehen folgende Kosten aus einem fondsgebundenen Rentenversicherungsprodukt hervor:

- 4% Abschlusskosten
- 9% Verwaltungskosten p.a.
- 0,2% Kosten vom Fondsguthaben p.a.[111]

Bei der Eingabe der Berechnungsparameter werden auf der Seite der Nettopolice folgende Kosten angenommen:

- keine Abschlusskosten
- 4212 EUR Honorar
- 4% Verwaltungskosten p.a.
- 0,3% Kosten vom Fondsguthaben p.a.
- 12 EUR Stückkosten[112]

Die im Anhang 12 dargestellte Vergleichsrechnung zeigt ein deutliches Ergebnis. Die Gesamtkosten können durch das Honorarberatungsmodell im Vergleich zum klassischen Provisionsprodukt um 24.606,05 EUR gesenkt werden. Die errechnete Ablaufleistung ist mit 103.584,02 EUR um knapp 50 Prozent höher als das Kapital, welches dem Kunden beim Abschluss einer Bruttopolice im Rentenalter zur Verfügung stehen würde. Entscheidet sich ein Kunde in diesem fiktiven Fall für die Honorarberatung, steigt die Nettorendite über die gesamte Laufzeit des Sparvorgangs von 1,06 Prozent (Bruttoprodukt) auf 3,35 Prozent (Honorarmodell).

4.2 Bedeutung für den Berater
Umstellung des Beratungsmodells

Aus den bisher dargestellten Rahmenbedingungen für die erfolgreiche Umsetzung eines Honorarmodells in der Versicherungsbranche ergeben sich für den Versicherungsmakler einige Herausforderungen. Insbesondere werden

---

111 Vgl. Anhang 9: „Beispiel für die Kostendarstellung der Versicherer"
112 Produktkosten des Ageas „Ageas My Life Aktiv", vgl. Ageas Lebensversicherung - Produktübersicht, elektronisch veröffentlicht [www.ageas.de/Produkte/myLife_Rente/Aktiv] Stand: 08.12.2011Vgl. Anhang 11: „Berechnungsparameter für die Vergleichsrechnung zwischen einem Provisionsprodukt und den Kosten einer Honorarberatung"

folgende Dienstleistungen, Softwarelösungen und Informationen benötigt, damit der Makler ein funktionierendes Geschäftsmodell entwickeln kann:

- Seminare in denen die Kosten der Versicherer erläutert werden
- Vergleichsrechner um die Gesamtkosten von Bruttopolicen und einem Honorarberatungsmodell gegenüberstellen zu können
- Rechtliche Auskünfte über die Rechte und Pflichten des Honorarberaters sowie zu Honorarverträgen
- Erfahrungsaustausch mit Honorarberaterkollegen
- Produktpartner mit „echten" Nettotarifen

Grundsätzlich ist die selbständige Suche nach den notwendigen Informationen und das Erlernen der notwendigen Fähigkeiten für den Versicherungsmakler auch ohne externe Unterstützung möglich. Die Komplexität des Themas und das geringe Angebot von Nettoprodukten verhindert jedoch bisher den dauerhaften Erfolg dieser „Einzelkämpfer". Da Honorarberater in der Mehrzahl noch nicht in Verbänden organisiert und in der Gesamtzahl noch wenige sind, äußern viele den Wunsch, sich mit Kollegen austauschen zu können.[113] Eine deutlich höhere Erfolgsquote gelingt den Versicherungsmaklern, die sich für eine Zusammenarbeit mit spezialisierten Dienstleistern entscheiden. Beispielhaft werden zwei dieser Unternehmen vorgestellt:

1. *HonorarKonzept GmbH:* Das Anfang 2009 gegründete Unternehmen sieht seine Expertise in der aktiven Unterstützung der Honorar-Finanzberater. Durch regionale Ansprechpartner wird ein direkter Kontakt gewährleistet. Echte Nettoprodukte in großer Bandbreite, Seminare und Coachings, IT-Tools für die Beratung sowie Unterstützung bei der Analyse, Verwaltung und Rechnungsstellung gehören ebenfalls zum Angebot.[114] Die HonorarKonzept GmbH hat sich auf die Unterstützung von Versicherungsmaklern spezialisiert und hat derzeit ca. 250 Partner. Das Unternehmen erhält einen Partizipationssatz vom Honorarerfolg der angebundenen Berater. Da keine regelmäßigen Gebühren berechnet

---

113 Vgl. Prof. Weber GmbH: Honorarberatung – Ergebnisse einer Umfrage, S. 2, 2011
114 Vgl. HonorarKonzept GmbH: Über uns, elektronisch veröffentlicht
[http://www.honorarkonzept.net/%C3%9Cberuns.aspx] Stand: 21.12.2011

werden, ist die Einstiegshürde für neue Partner sehr niedrig.

2. **Verbund Deutscher Honorarberater:** Der VDH betreut zu einem Großteil Banker. Zu dem Kundenkreis zählen nach eigenen Angaben 1300 Honorarberater. Ein umfangreiches Angebot an Honorarlösungen wird gemeinsam mit etwa 300 Produktpartnern zur Verfügung gestellt.[115] Für die Leistungen erhebt das Unternehmen regelmäßige Beiträge.

Die Ausübung der Honorarberatung durch einen Versicherungsmakler bringt weitere Aspekte mit sich:

Keine Stornohaftung: Ein besonders reizvoller Grund für die Umstellung auf ein honorarbasiertes Beratungsmodell stellt für den Versicherungsmakler der Wegfall der „Provisions- bzw. Stornohaftung" dar. Versicherungsvermittler haften bei Versicherungsverträgen auf Provisionsbasis für die vom Versicherer vorab gezahlten Provisionseinnahmen. Bei vorzeitiger Beendigung des Vertrages durch den Versicherungsnehmer, muss der Vermittler einen Teil Provision zurückzahlen.[116] Diese „Stornohaftungzeit" schätzen die meisten Versicherungsvermittler als ungerecht ein. Der Honorarkunde kann dagegen nicht ohne rechtliche Grundlage die gezahlte Vergütung zurück verlangen. Für den Berater entsteht eine höhere Planungssicherheit.

Planbare Einkünfte: Honorarberater können mit ihren Kunden Betreuungshonorare vereinbaren. Somit ist der Berater nicht mehr ausschließlich von neuen Abschlüssen abhängig und kann damit erstmals in der Altersvorsorgeberatung laufende Einkünfte generieren. Somit besteht auch hier eine deutlich höhere Planungssicherheit für die eigene Unternehmung.

Höheres Ansehen: Honorar-Finanzberater genießen einen guten Ruf. Durch diese alternative Beratungsform mit Nettoprodukten kann sich jeder Versicherungsvermittler positiv von anderen Vermittlern abgrenzen. Durch die Veröffentlichung der neuen Berufsbezeichnung kann jedoch eine andere Gefahr

---

115 VDH GmbH: Über uns, elektronisch veröffentlicht: [http://www2.verbund-deutscher-honorarberater.de/index.php?article_id=9264] Stand: 29.12.2011
116 Vgl. von Fürstenwerth, Frank; Weiß, Alfons: Versicherungsalphabet (VA), Karlsruhe 2001, S.502

entstehen. Viele Anleger und Versicherungsnehmer erkennen oberflächlich betrachtet zunächst keinen Unterschied zu anderen Beratern. Der Begriff „Honorarberater" suggeriert sofort eine kostenpflichtige Form der Beratung. Viele Verbraucher gehen von der falschen Annahme aus, die gleiche Leistung z.B. bei der Bank unentgeltlich bekommen zu können. Das ein Honorar durch höhere Transparenz, mehr Objektivität und nachvollziehbaren Kostenvorteilen gerechtfertigt sein kann, ist nicht auf den ersten Blick zu erkennen.

Regionale Abgrenzung: Durch die geringe Anzahl von Honorarberatern besteht eine große Chance für Versicherungsvermittler, der erste Honorarberater in der Region zu sein (sog. „first mover"). Vorausgesetzt dem Berater gelingt es sein neues Geschäftsmodell zu etablieren, wird er für einen längeren Zeitraum von hohen Marktanteilen profitieren. Erst nachdem Mitbewerber sich mit der Honorarberatung auseinander gesetzt und ebenfalls erfolgreich umgesetzt haben, wird das Umsatzpotenzial verteilt. Daher ist es für den Honorarberater wichtig, die Vorteile für den Kunden auf den Punkt zu bringen und werbewirksam zu kommunizieren.

Mehr Umsatz durch zufriedenere Kunden: Die bessere Nachvollziehbarkeit der Kostenstruktur bei Nettopolicen, eine erhöhte Transparenz z.B. durch Vermögensanlagen in ETF´s sowie die schnellere Entstehung von Vertragswerten kann zu einer hohen Kundenzufriedenheit beitragen. Durch die Chance häufiger „gute Neuigkeiten" mitteilen zu können ist der Berater in der Lage eine bessere Bindung zum Kunden zu schaffen. Dies kann zum Abschluss neuer Geschäfte oder Weiterempfehlungen führen. Doch auch die Nachteile müssen an dieser Stelle erwähnt werden:

Honorarberatung ist kein „schnelles Geschäft": In der Regel zahlt der Versicherungsnehmer im Honorarmodell ein hohes einmaliges Honorar zu Vertragsbeginn. Dies fällt bei der Entscheidung für ein Bruttoprodukt nicht an. Die Abschlusskosten werden dort vom regelmäßigen Beitrag entnommen. Folglich fällt es Verbrauchern häufig leichter ein klassisches Versicherungsprodukt abzuschließen als ein Nettoprodukt. Es liegt jedoch in der Hand des Honorarberaters, in welcher Form er das Honorar vereinnahmen möchte. Möglich ist die Berechnung flexibler Teilzahlungen oder die Zahlung des Honorars in Raten. In jedem Fall sind sich Versicherungsnehmer im Honorarberatungsmodell bewusster über die Pflicht, den Makler für die Vermittlung und Beratung des Nettoprodukts vergüten zu müssen. Dem Makler kann es trotzdem gelingen zum (Honorar-)Erfolg zu kommen wenn er die gesamten Kosten und Leistungen transparent und glaubhaft veranschaulicht.

Hoher Aufwand: Die Analyse und Bewertung von Produktkosten, die Erstellung eines geeigneten Fondsportfolios sowie die ausgiebige Erläuterung gegenüber dem Kunden ist mit einem hohen Aufwand verbunden. Es müssen zum Teil komplexe finanzmathematische Kenntnisse angewendet und schwer verständliche Texte von Versicherern gelesen und verstanden werden bevor einem Kunden ein Ergebnis präsentiert werden kann.

Eingeschränkte Verdienstmöglichkeiten

Ob ein Honorarberater von seiner Tätigkeit leben kann hängt entscheidend davon ab, ob dieser ausschließlich gegen Honorar berät oder lediglich die Honorarberatung als ergänzendes Geschäftsmodell nutzt. Einige Dienstleistungsplattformen lehnen das hybride Modell ausdrücklich ab (Verbund Deutscher Honorarberater), andere befürworten diese Arbeitsweise ausdrücklich (HonorarKonzept GmbH). Finanzberater, die bereits seit vielen Jahren als Makler tätig sind und durch ihre konsequente Umstellung auf die Honorarberatung auf sämtliche aufgebaute Bestandsprovisionen freiwillig verzichten, werden die Ausnahme bleiben.[117] Setzt der Versicherungsmakler ausschließlich auf das Honorarmodell, können seine Einkünfte derzeit nur über Vermögensverwaltungen oder die Vermittlung von Altersvorsorgeprodukten generiert werden. In anderen Produktsegmenten werden entweder keine Nettoprodukte angeboten oder die Höhe der möglichen Honorare gewährleisten kein dauerhaft funktionierendes Geschäftsmodell.

---

117 Beispiel aus dem Bereich der Vermögensverwaltung, vgl. ProContra-online.de: Lasst den Vergleich beginnen!, elektronisch veröffentlicht [http://www.procontra-online.de/2009/10/berater/lasst-den-vergleich-beginnen/all/1/] Stand: 08.11.2011

4.3 Chancen und Hindernisse für neue Produktanbieter

Grundsätzlich fördert das Angebot von günstigen und transparenten Produkten das Image eines Unternehmens. Bietet ein Versicherer Honorartarife mit diesem Qualitätsanspruch an, spricht nichts gegen eine Verbesserung der Außenwirkung. Bisher gibt es wenig Anbieter von Nettoprodukten. Allerdings steigt durch die Anzahl von Honorarberatern auch die Nachfrage. Gelingt es einem Versicherer einen transparenten, günstigen und flexiblen Tarif auf den Markt zu bringen, bestehen hohe Absatzmöglichkeiten. Viele Versicherer haben sich über Jahrzehnte eine Vertriebsstruktur aufgebaut, die im Rahmen des klassischen Provisionsmodells funktioniert. Es ist fraglich welche Auswirkungen es hätte, wenn die besten Versicherungsvermittler und angeschlossenen Partner zu den Themen passive Anlagestrategien, Netto-Versicherungsprodukte und Finanzmathematische Analysen geschult werden würden um anschließend schwerpunktmäßig Nettotarife vermitteln zu können. Aus der Praxis lässt sich bereits beobachten, dass Berater die einmal stark auf die Kostenstruktur eines Produkts aufmerksam gemacht wurden, nicht mehr offen für teurere und weniger transparente Produkte sind. In dieser Hinsicht könnten sich Versicherer funktionierende Vertriebsstrukturen zerstören. Nettotarife müssen konzipiert und vermarktet werden. Auch ein höherer Verwaltungsaufwand ist wahrscheinlich, da sich Honorartarife nicht nahtlos in die vorhandenen Abrechnungssysteme eingliedern lassen. Letztlich wirken sich kostengünstigere Tarifstrukturen negativ auf den Unternehmenserfolg aus. Somit ist nicht zu erwarten, dass die Versicherer diesen Weg freiwillig einschlagen werden.

Bewertung

Eine Konzentration auf die Entwicklung von Nettoprodukten erscheint für Versicherungsunternehmen sinnvoller als eine Erweiterung der vorhandenen Produktpalette. Hier kann kleineren Versicherern ein größeres Erfolgspotenzial zugetraut werden, da eine Änderung der Vertriebsstruktur entweder nicht notwendig ist oder kostengünstiger ausfällt. Letztlich ist die Nachfrage nach Nettoprodukten ausschlaggebend dafür, ob sich die Aufwendungen für neue Anbieter rentieren.

5 Entwicklungstendenzen

Eine Prognose zur weiteren Entwicklung der Honorarberatung in der Versicherungsbranche kann vor allem aus den jüngsten politischen Entwicklungen und den Bestimmungen der europäischen Nachbarländer abgeleitet werden.

Politik in Deutschland

Schon im Jahr 2008 kündigte die Ministerin für Ernährung, Landwirtschaft und Verbraucherschutz Ilse Aigner an, die Honorarberatung fördern zu wollen. Am 6. April 2011 wurde der Gesetzentwurf zur „Novellierung des Finanzanlagenvermittler- und Vermögensanlagenrechts" mit dem Ziel beschlossen, die Möglichkeiten einer umfassenden Regelung des Honorarberaters zu prüfen und gesetzlich umzusetzen. Im Rahmen des im Juli 2011 veröffentlichten Thesenpapiers wurde aufgezeigt, wie man künftig eine Identifizierbarkeit erreichen möchte, die es dem Verbraucher erlaubt die Absichten und die Objektivität eines Beraters einzuschätzen:

> *„Dem Verbraucher muss im Beratungsgespräch klar sein, ob er es mit einem Vermittler zu tun hat, der vom Verkauf von Finanzprodukten profitiert und für den die Beratung eine notwendige Vorstufe darstellt, oder mit einem unabhängigen Berater, der von der Beratungsleistung lebt (Honorar) und der Finanzprodukte entweder überhaupt nicht verkauft oder hieran nichts verdient.[...] Zur besseren Unterscheidbarkeit und Verlässlichkeit soll ein Berufsbild des Honorarberaters/unabhängigen Finanzberaters geschaffen und rechtlich verankert werden."* [118]

In dem Dokument wird zwischen dem bereits existierenden „Versicherungsberater", dem neu definierten „Anlageberater", und dem „Darlehensberater" unterschieden, der ebenfalls noch nicht existiert und im Gegensatz zum Darlehensvermittler ausschließlich vom Kunden vergütet werden soll. Über diesen drei Spezialisten soll der „Finanzberater" stehen, der

---

[118] Bundesministerium für Ernährung, Landwirtschaft und Verbraucherschutz: Eckpunkte für eine gesetzliche Regelung des Berufsbildes der Honorarberatung (Thesenpapier), Berlin 2011

für alle drei Teilbereiche qualifiziert sein muss. Von ihm wird ein ausreichender Marktüberblick in den jeweiligen Segmenten und ein Verständnis für das Zusammenwirken aller drei Produktgruppen vorausgesetzt. Die Tatsache, dass ein Versicherungsberater in seiner bisherigen Form nur beraten und nicht vermitteln darf[119], wurde ebenfalls aufgegriffen. So soll ein Honorarberater künftig den Erwerb eines konkreten Finanzprodukts auch vermitteln dürfen. Eine besondere Bedeutung hat der Abschnitt zur ausschließlichen Vergütung durch den Kunden. Von dem derzeit gesetzlich geregelten Provisionsabgabe und -annahmeverbotes[120] wendet man sich in Punkt 7 des Eckpunktepapiers ausdrücklich ab und verweist auf marktwirtschaftliche und wettbewerbliche Gründe. Ein solches Verbot würde bedeuten, dass ein Berater nicht befugt ist etwas von seiner Provision an den Kunden weiterzuleiten. Inzwischen wurde dieses Abgabeverbot erstmals gekippt. Das Verwaltungsgericht Frankfurt urteilte am 24. Oktober 2011, dass eine Provisionsabgabe eine Form der Gewährung von Sondervergütungen darstellt und dessen Verbot mangels „hinreichender Bestimmtheit" unwirksam ist. Für das Gericht bestanden erhebliche Zweifel, inwiefern ein Verbot einen zulässigen Eingriff in die Berufsfreiheit darstellt.[121] Wenn Provisionen künftig an den Kunden weitergegeben werden dürfen, können Honorarberater auch klassische Bruttoprodukte gegen Honorar vermitteln. Damit ist eine Umstellung des gesamten Geschäftsmodells auf Honorarbasis möglich. Der Wegfall des Abgabeverbots kann auch eine offene Preisverhandlung mit dem Kunden bedeuten. Hier ist allerdings eine Gesamtkostenbetrachtung sehr wichtig. Durch einen Rabatt auf bestimmte Provisionsgebühren entsteht für den Kunden noch keine günstige Altersvorsorge.[122]

Michael H. Heinz vom Bundesverband Deutscher Versicherungskaufleute (BVK) vertritt die Interessen von rund 40.000 Versicherungsvermittlern wie Einfirmenvertreter, Mehrfachagenten und Makler. Er hält bei einem Wegfall des

---

119 Vgl. Kapitel 2.2. „Die verschiedenen Akteure der Versicherungsbranche"
120 Vgl. Kapitel 3.2 „Rechtliche Rahmenbedingungen der Honorarberatung"
121 Vgl. Urteil vom Verwaltungsgericht Frankfurt am Main, verkündet am 24. Oktober 2011, Aktenzeichen 9 K 105/11.F
122 Vgl. Musterrechung in Anhang 12

Provisionsabgabeverbots das Wegbrechen der Existenzgrundlage vieler Vermittler für möglich. Vorteile werden aus seiner Sicht nur die finanzstarken Berater haben. Das Kippen des Provisionsabgabeverbots, die Deckelung von Provisionen im Bereich der Krankenversicherungen[123] und die aktive Förderung der Honorarberatung durch die Politik lassen Michael Heinz trotzdem nicht an dem klassischen Vergütungsmodell mit Provisionen zweifeln. Wie viele Kritiker der Honorarberatung sieht er ein Problem darin, dass Alternativmodelle von Menschen mit geringem Einkommen nicht angenommen werden würden.[124]

Volker Britt, Geschäftsführer des Finanzdienstleisters „HonorarKonzept GmbH", schätzt die langfristige Entwicklung der Honorarberatung in Deutschland dagegen positiv ein:

> *„Mittlerweile setzen bundesweit rund 270 Honorar-Finanzberater täglich die Idee von HonorarKonzept um. Denn wer erklärt und vorrechnet, dass Finanzberatung nicht kostenlos ist, sondern über versteckte Provisionen vom Kunden selbst finanziert wird, kann durch Offenlegung und den Griff zum kostenoptimierten Nettoprodukt den Kunden besser beraten.[...] Langfristig erwarten wir einen Marktanteil der Honorarberatung in Deutschland von 5 bis 10 Prozent"* [125]

---

123 Vgl. DAS INVESTMENT.COM: Krankenversicherung: Deckelung der Vermittlerprovisionen beschlossen, elektronisch veröffentlicht
[http://www.dasinvestment.com/berater/news/datum/2011/10/19/krankenversicherung-deckelung-der-vermittlerprovisionen-beschlossen/] Stand: 02.11.2011

124 Vgl. Manager-Magazin.de: Das wird ein Vermittlersterben geben, elektronisch veröffentlicht
[http://www.manager-magazin.de/finanzen/versicherungen/0,2828,795078-3,00.html] Stand: 02.11.2011

125 Vetriebserfolg: Auf dem Vormarsch: Immer mehr Makler setzen auf Honorarberatung!, Heft 10/2011, S.78-79

Aktueller Stand der rechtlichen Rahmenbedingungen

Im November 2012 legte das Bundesfinanzministerium den Gesetzesentwurf zur Honorarberatung vor. Es beschrieb in grober Form die rechtlichen Rahmenbedingungen eines Honoraranlagenberatungsgesetzes. Im April des Jahres 2013 stimmte der Finanzausschuss des Bundestags diesem Entwurf zu (Bundestagsdrucksache 17/12295).[126] Die Beratung zu Wertpapieren nach §32 des Kreditwesengesetzes, Investmentfonds, unternehmerischen Beteiligungen und sonstigen Vermögensanlagen wie z.B. Beteiligungen außerhalb der KG Form, stille Beteiligungen oder Genussrechte sollen demnach in Zukunft ausschließlich gegen ein Honorar beraten und vermittelt werden dürfen. Provisionen in jeder Form müssen umgehend und vollständig an den Kunden weitergeleitet werden.

Es existiert eine große Einigkeit aller Parteien in Deutschland darüber, dass das Berufsbild des Honorarberaters klar definiert und die Qualität bei der Beratung und Vermittlung von Finanzprodukten gestärkt werden soll. Nachdem sich auch der Bundesrat mit dem Gesetz auseinander gesetzt hat, wird der Beruf „Honorar-Anlageberater" im Bereich der Wertpapierberatung und in Bezug auf die Vermittlung von Fonds in Deutschland erstmals existieren. Im Zuge der zweiten Versicherungsvermittlerrichtlinie (IMD II) ist diese Entwicklung auch in Bezug auf Versicherungsprodukte zu erwarten.

---

126 Vgl. Deutscher Bundestag: Entwurf eines Gesetzes zur Förderung und Regulierung einer Honorarberatung über Finanzinstrumente (Honoraranlageberatungsgesetz), elektronisch veröffentlicht [http://dip21.bundestag.de/dip21/btd/17/122/1712295.pdf] Stand: 3.05.2013

Entwicklung der Honorarberatung in anderen Ländern

Großbritannien

Der britische Finanzdienstleistungssektor gehört zu den am weitesten entwickelten und größten Märkten Europas. Bis zur Einführung eines einheitlichen Rechtsrahmens im Jahr 2000 existierte ein ähnlich stark fragmentierter Rechtsrahmen für den Finanzvermittlungsmarkt wie in Deutschland. Nach einigen massiven Finanzskandalen formulierte die britische Finanzaufsicht „Financial Services Authority" (FSA) vier Oberziele, die bis heute Bestand haben:

1. Schaffung/Wiederherstellung von Marktvertrauen
2. Reduzierung der Finanzkriminalität
3. Verbraucherschutz
4. Schaffung eines öffentlichen Verständnisses für Finanzthemen

Das Provisionsmodell ist auch in Großbritannien seit langer Zeit das dominierende Vergütungssystem.[127] Die Struktur des britischen Finanzanlageberatungsmarktes unterscheidet sich jedoch deutlich von den Verhältnissen in Deutschland. Während in Großbritannien die „Independent Financial Adviser" (IFA) einen Marktanteil von 85 Prozent bei der Vermittlung von Investmentfonds besitzen, werden diese in Deutschland zu 70 Prozent bei Kreditinstituten vermittelt. Lediglich 11 Prozent der Deutschen entscheiden sich für einen Makler, Vermittler oder Vermögensberater. Auch bei Lebensversicherungsprodukten dominiert der Marktanteil der britischen Finanzberater gegenüber den britischen Banken. Seit 2004 müssen die IFA´s dem Anleger zwingend die Wahl zwischen Provisions- und Honorarberatung lassen. Im Juli 2009 wurde beschlossen, Provisionen in der Anlageberatung ab 2013 vollständig zu verbieten. Davon ausgenommen sind reine Versicherungsprodukte („pure protection advice") wie Berufsunfähigkeitsversicherungen und Risiko-Lebensversicherungen.

Mit dem Ziel, Finanzberater auf ähnlich hohem Niveau wie Anwälte oder

---

127 Vgl. Evers & Jung: Anforderungen an Finanzvermittler – mehr Qualität, bessere Entscheidungen, Hamburg 2008, S.128-130

Wirtschaftsprüfer anzusiedeln, ist die professionelle Qualifikation der Finanzberater ebenfalls ein Bestandteil der bevorstehenden Reform. In Zukunft müssen diese eine Qualifikation nachweisen, die mit einem Abschluss an einer Universität vergleichbar ist. Nach einer Studie würden von 35.000 Finanzberatern nur noch 10.000 den Status des IFA behalten und weiterhin unabhängige Finanzberatung anbieten. Die restlichen Berater würden sich für eine Geschäftsaufgabe, den vorzeitigen Ruhestand oder für das eingeschränkte Angebot von Beratungsleistungen entscheiden. Die Beratung gegen Honorar durch sehr gut ausgebildete Finanzberater kann zu einer Konzentration auf wohlhabende Klienten führen. Diese Entwicklung möchte die britische Finanzaufsicht verhindern. Dazu schafft sie z.B. bei Sparplänen die Möglichkeit, günstige laufende Honorarzahlungen zu vereinbaren, bei denen keine neuen Beratungsleistungen notwendig sind. Bei Honorarverträgen mit hohen Einmalhonoraren erlaubt sie deren Finanzierung beim Berater durch die Zahlung von Raten.[128]

Skandinavien

Auch in den skandinavischen Ländern ist die Honorarberatung schon weiter fortgeschritten. Doch auch dort gibt es noch keine eindeutige Definition des Honorarberaters. Durch die weitgehende Umstellung auf ein „Nettoprämiensystem" wurden Provisionen aus den Tarifen herausgerechnet und der Makler bekommt ein Honorar für die Vermittlung des Produkts. Somit werden auch dort Fehlanreize durch unterschiedlich hohe Provisionen ausgeschlossen.

- *Finnland*: Seit 2005 ist die Honorarberatung bei Lebens- und Schadensversicherern gesetzlich vorgeschrieben. Es wurde eine Übergangsfrist von drei Jahren festgelegt
- *Dänemark*: Seit 2004 existiert ein Nettoprämienprogramm mit 5 Jahren Übergangsfrist. Unternehmen ist es somit in der Lebens- und Schadensversicherung per Gesetz verboten Vergütungen an Versicherungsmakler zu zahlen

---

128 Vgl. Franke, Nikolaus; Funke, Christian; Gebken, Timo; Johanning, Lutz: Provisions- und Honorarberatung, Vallendar/Wien/Kronberg im Taunus, 2011, S.51-55

- *Norwegen und Schweden*: Freiwillige Praxis von Nettoprämien, aber explizite Auflage, Kunden unabhängig vom Vergütungsmodell über den Preis der Vermittlung zu informieren[129]

Niederlande

Der als Wachstumsmarkt geltende niederländische Finanzdienstleistungsmarkt wird seit 2006 mit einem einheitlichen gesetzlichen Rahmenwerk reguliert. Der Ersatz der zuvor bestehenden acht Teilgesetze war eine Reaktion auf verschiedene Finanzskandale. Die niederländische Aufsichtsbehörde „Autoriteit Financiele Markten" (AFM) legt ihren Fokus auf die finanzielle Allgemeinbildung und auf eine Chancen- und Informationsgleichheit zwischen Beratern und Kunden. Für die Vermittler komplexer Finanzprodukte besteht die Durchführungspflicht und die Dokumentation einer Kundenbedarfsanalyse. Seit 2006 existiert ein vereinfachtes Produktinformationsblatt welches auf zwei Seiten zu Risiko, Kosten, Ertrag und mögliche Entwicklungen des Produktes informiert. Die AFM bewirkt durch die gesetzlichen Verpflichtungen eine erhöhte Markttransparenz und fördert durch ihre Maßnahmen die Honorarberatung ohne das Provisionsmodell zu verbieten.[130]

---

[129] Vgl. Honorarberatung: Honorarberatung in Skandinavien, Heft 1/2008, S.25
[130] Vgl. Evers & Jung: Anforderungen an Finanzvermittler – mehr Qualität, bessere Entscheidungen, Hamburg 2008, S.128-130

Bewertung

Aus den Bestimmungen der beispielhaft aufgezeigten europäischen Nachbarländer ergeben sich einige Gemeinsamkeiten:

- Die Förderung der der allgemeinen Finanzbildung spielt für die Finanzaufsichten eine zentrale Rolle. Es gilt der allgemeine Grundsatz: „Bildung ist immer noch der beste Anlegerschutz"[131]
- In den letzten Jahren wurden in vielen europäischen Ländern Versuche unternommen, die Beratungsqualität und die Produkttransparenz zu fördern
- Vermittler, die es bisher nicht gewohnt waren mit den Kunden über Gebühren zu verhandeln, müssen sich an eine neue Arbeitsweise gewöhnen
- Ein erhöhter Qualitätsanspruch an die Ausbildung der Finanzberater führt zu einem höheren Ansehen aber auch dazu, dass viele Berater ihren Beruf nicht mehr ausüben werden

In Deutschland konkretisiert das Thesenpapier des Bundesministeriums für Ernährung, Landwirtschaft und Verbraucherschutz (BMELV) die Vorstellung, wie ein Honorarberater künftig definiert werden könnte. Die Befürwortung der Provisionsweitergabe an die Anleger kann jedoch nur eine Übergangslösung sein. Die Förderung von provisionsfreien, transparenten und kostengünstigen Nettoprodukten ist wichtig für das Gelingen einer privaten Altersvorsorge. Der Behauptung, dass sich die Honorarberatung nur bei sehr reichen Menschen durchsetzten wird, kann durch eine Vergleichsrechnung widerlegt werden. Schon bei einem monatlichen Sparbeitrag von 50 EUR kann großer Kostenvorteil für das gegen Honorar vermittelte Nettoprodukt entstehen. Es ist die Aufgabe des Beraters diesen Vorteil aufzuzeigen und Finanzierungslösungen bezüglich des vereinbarten Honorars anzubieten.

---

131 Vgl. Börse Stuttgart: Deutsche beim Thema Geld und Finanzanlagen verunsichert, elektronisch veröffentlicht
[https://www.boerse-stuttgart.de/de/boersenplatzstuttgart/presse/pressemitteilungen/pressemitteilungen.html?id=410] Stand: 01.01.2012

Erst in der jüngeren Vergangenheit wurden die ersten Schritte unternommen um mehr Chancengleichheit zwischen dem Produktgeber, dem Berater und dem Kunden zu erreichen. In der Studie von Evers & Jung wird die Situation wie folgt bewertet:

> *Im Vergleich zu den untersuchten Länderbeispielen fällt auf, dass in Deutschland das Lösungspotenzial der Honorarberatung noch nicht hinreichend erkannt scheint und die Bedeutung der Honorarberatung im Markt hier daher vergleichsweise deutlich zurück liegt.*[132]

Die weitere Entwicklung der Honorarfinanzberatung wird auch von der Beantwortung folgender Fragen abhängig sein:

- Was werden die Erfahrungen in Großbritannien zeigen wenn dort ab dem Jahr 2013 das Provisionsmodell gesetzlich verboten wird?
- Welche weiteren Lösungen werden geschaffen um eine Konzentration der Beratung besser verdienenden Menschen zu verhindern?
- Welche Maßnahmen werden seitens der Politik ergriffen um eine finanzielle Allgemeinbildung zu fördern, Berater zu Vergleichsrechnungen zu schulen und die Produktion von Nettopolicen voranzutreiben?
- Welche Rolle spielen die engen Verbindungen zwischen Produktgebern und Politik? Ist die Politik unabhängig genug um Entscheidungen treffen zu können, die für Banken und Versicherungen Nachteile bedeuten können?

---

[132] Evers & Jung: Anforderungen an Finanzvermittler – mehr Qualität, bessere Entscheidungen, Hamburg 2008, S.135

6 Fazit

Honorarberatung kann bereits heute erfolgreich in der Versicherungsbranche umgesetzt werden. Es besteht eine hohe Akzeptanz für ein honorarbasiertes Vergütungsmodell, wenn Verbraucher die Vorteile von Nettoprodukten und passiven Anlagestrategien aufgezeigt bekommen. Honorarberatung schafft es den Berater, der häufig von der Produktvermittlung lebt, auf die Seite des Kunden zu ziehen. Dadurch entsteht eine hohe Objektivität und die Freiheit, nach einer durchgeführten Bedarfsanalyse dem Kunden das beste Produkt zu empfehlen.

Anleger profitieren vor allem von einer günstigeren Kostenstruktur der Honorarprodukte im Gegensatz zu den klassischen Versicherungspolicen und Investmentfonds. Die notwendigen Honorarzahlungen wirken sich dabei deutlich weniger negativ aus als die hohen laufenden Kosten der Alternativprodukte. Die Entwicklung der eigenen Altersvorsorge sollte unabhängig vom Vergütungsmodell beobachtet werden. Ein jährliches Gespräch mit dem Berater und eine damit verbundene Kontrolle der Renditeentwicklung ist zu empfehlen. Für die reine Honorarberatung ohne die anschließende Vermittlung einer geeigneten Produktlösung sind dagegen nur wenige Anleger offen. Daraus ergeben sich vor allem für selbständige Versicherungsmakler große Chancen eine Verbesserung ihres Geschäftsmodells herbeizuführen, da sie im Gegensatz zum Versicherungsberater auch Produkte vermitteln dürfen. Durch die Honorarberatung entstehen für sie bessere Verdienstmöglichkeiten und eine bessere Planbarkeit der Einkünfte. Als Gegenleistung muss der Makler die Bereitschaft besitzen seinen klassischen Beratungsweg zu verlassen und mit Hilfe geeigneter Dienstleistungsplattformen die theoretischen und praktischen Kenntnisse zu erlangen, die für eine Umsetzung notwendig sind.

Die Auswahl der bisher zur Verfügung stehenden Nettoprodukte ist ernüchternd. Bisher bieten nur wenige Versicherer entsprechende Produkte für die Altersvorsorge oder andere Sparten an.

Dies kann in der mangelnden Erfahrung mit Nettopolicen oder in der Angst begründet sein, die vorhandenen Vertriebsstrukturen verändern zu müssen. Hier bieten sich vor allem für kleinere Versicherungsunternehmen die Möglichkeit, sich positiv von Mitbewerbern abzuheben.

Die Umsetzung der Honorarberatung führt Finanzberater zu mehr Objektivität, direkter Entlohnung durch den Auftraggeber und zu erfolgreicheren Anlageergebnissen. Um die Honorarberatung auch in Deutschland als alternatives Beratungsmodell zu etablieren, ist es die Aufgabe der Politik, einen einheitlichen Rechtsrahmen für die die Finanz- und Honorarberatung zu schaffen und die Vermarktung von günstigen, transparenten Produkten zu fördern. Ferner sollte mehr Druck auf die Banken- und Versicherungsbranche ausgeübt werden. Ein einheitlicher Qualitätsanspruch an den Sprachgebrauch und an einer vollständigen Gesamtkostendarstellung in den Versicherungsbedingungen würde genügen um eine erhebliche Verbesserung zu bewirken. Insbesondere die marktführenden Banken und Versicherungsunternehmen sind gefordert den eigenen Erfolg nicht ausschließlich von den erwirtschafteten Umsätzen abhängig zu machen. Sie tragen eine hohe Verantwortung für das Gelingen einer privaten Altersvorsorge von Privatpersonen. Dieser werden sie nur gerecht wenn sie ein Umdenken nicht nur vortäuschen, sondern auch umsetzen. Es müssen ihrerseits alle Maßnahmen ergriffen werden um das Vertrauen in das Unternehmen und in die Produkte nachhaltig wiederherzustellen.

Anhang

STAATLICH GEFÖRDERTE ALTERSVORSORGE

Anlage	Ertragschance	Verlustrisiko	Flexibilität	Eignung für Altersvorsorge	Besonderheiten
Riester-Rente	Hoch durch staatliche Zulagen und Steuervorteile	Keins. Einzahlungen zum Rentenbeginn garantiert.	Mittel	Hoch, weil lebenslange Einkommensquelle.	- Hartz-sicher, - im Alter voll steuerpflichtig, - aber sozialabgabenfrei
Betriebliche Altersvorsorge	Hoch bei Beteiligung des Arbeitgebers, sonst mittel.	Keins. Einzahlungen zum Rentenbeginn garantiert.	Gering, weil stark an Arbeitgeber gebunden.	Hoch, weil lebenslange Einkommensquelle	- Hartz-sicher, - im Alter voll steuerpflichtig, - volle Sozialabgabepflicht
Rürup-Rente	Attraktiv bei Durchhalten des Vertrags und individuell hohen Steuervorteilen	Keins, wenn Mindestverzinsung garantiert wird. Bei Fondsvarianten abhängig von Höhe des Aktienanteils.	Gering	Hoch, weil lebenslange Einkommensquelle. Bei Fondsvarianten mittel wegen des Anlagerisikos.	- Hartz-sicher, - keine Sozialabgaben im Alter

PRIVATE ALTERSVORSORGE

1. Versicherungen

Anlage	Ertragschance	Verlustrisiko	Flexibilität	Eignung für Altersvorsorge	Besonderheiten
Private Rentenversicherung (klassisch)	Mäßig.	Keins, da garantierte Mindestverzinsung.	Gering	Hoch, weil lebenslange Einkommensquelle.	- Nicht hartz-sicher, - nur geringe Besteuerung im Alter, - keine Sozialabgabenpflicht im Alter
Private Rentenversicherung (fondsgebunden)	Mittel	Risiko abhängig vom Aktienfondsanteil.	Gering	Mittel wegen des Anlagerisikos.	- Nicht hartz-sicher, - nur geringe Besteuerung im Alter, - keine Sozialabgabenpflicht im Alter
Kapitallebensversicherung (klassisch)	Mäßig.	Keins, da garantierte Mindestverzinsung	Gering	Mäßig, wegen einmaliger Auszahlung.	- Nicht Hartz-sicher, - Erträge voll steuerpflichtig, wenn Auszahlung vor dem 60. Lebensjahr erfolgt, ansonsten zur Hälfte, - Auszahlung sozialabgabenfrei
Kapitallebensversicherung (fondsgebunden)	Mittel	Mittel	Gering	Gering, wegen einmaliger Auszahlung und des Anlagerisikos.	- Nicht hartz-sicher, - Erträge voll steuerpflichtig, wenn Auszahlungen vor dem 60. Lebensjahr erfolgt, ansonsten zur Hälfte. Auszahlungen sozialabgabenfrei.

2. Klassische Bankprodukte

Anlage	Ertragschance	Verlustrisiko	Flexibilität	Eignung für Altersvorsorge	Besonderheiten
Sparplan	Mäßig	Keins	Abhängig vom gewählten Produkt.	Mäßig. Nur für kleinen Teil des Vermögens sinnvoll.	Besteuerung der Zinserträge oberhalb des Sparerfreibetrags.
Einmalanlage mit Festzins (Sparbrief, Festgeld, Sparkonto)	Mäßig - mittel	Keins	Mittel, abhängig von der Laufzeit.	Mäßig. Nur für kleinen Teil des Vermögens sinnvoll.	Besteuerung der Zinserträge oberhalb des Sparerfreibetrags.
Bundesschatzbrief	Mäßig - mittel	Keins	Hoch	Mäßig. Nur für kleinen Teil des Vermögens	Besteuerung der Zinserträge oberhalb des Sparerfreibetrags.

3. Investmentfondssparpläne

Anlage	Ertragschance	Verlustrisiko	Flexibilität	Eignung für Altersvorsorge	Besonderheiten
Aktienfonds	Hoch	Hoch, da Kursschwankungen. Risiko abhängig von Anlagedauer.	Hoch. Aus- und Umstieg jederzeit möglich.	Hoch, wenn Einstige früh erfolgt und rechtzeitig in sichere Anlagen umgeschichtet wird.	Nach einem Jahr nur noch Besteuerung der halben Dividendenerträge.
Rentenfonds	Mittel	Mittel bis gering, abhängig von Anlagedauer.	Hoch. Aus- und Umstieg jederzeit möglich.	Mittel, aber flexible Ergänzung für Späteinsteiger.	Besteuerung von Zinserträgen oberhalb des Sparerfreibetrags.

IMMOBILIEN

Anlage	Ertragschance	Verlustrisiko	Flexibilität	Eignung für Altersvorsorge	Besonderheiten
Bausparen	Der Zinssatz für das Bauspardarlehen ist niedrig und steht heute schon fest. Das zahlt sich für Bausparer vor allem dann aus, wenn die Zinsen für herkömmliche Hypothekenkredite in Zukunft steigen.	Gibt der Bausparer später seine Eigenheimpläne auf, bleibt ihm nur ein schlecht verzinster Sparvertrag.	Hoch bis Mittel	Geeignet für alle, die mittel- bis langfristig für den Bau, den Kauf oder eine Modernisierung ihres Eigenheims sparen wollen.	
Selbst genutzte Immobilien	Mittel	Gering - mittel	Gering	Ja, bei ausreichendem Eigenkapital und stetigem Einkommen	Sehr unflexibel. Deshalb nur als langfristige Geldanlage geeignet. Bau-/ Kaufrisiko, Finanzierung- und Standortrisiko.
Vermietete Immobilie	Mittel	Mittel	Gering	Mäßig. Abhängig von Finanzierung, Lage, Zustand, Vermietung.	Hoher Aufwand durch Vermietung, Bau-/ Kaufrisiko, Finanzierungs-, Standort und Vermietungsrisiko.

Anhang 1: Anlageformen auf einen Blick

Zulassungsvoraussetzung: Berufsqualifikation

Versicherung
- Grundsätzlich alle Vermittler → Notwendige Sachkunde / IHK Sachkundeprüfung
- Ausnahmen:
  - Gebundene Vermittler, § 34d IV → Vertretenes Unternehmen soll „angemessene" Qualifikation gewährleisten
  - „Produktakzessorische" Vermittler, § 34d III GewO → Angemessene Qualifikation, Nachweis/Erklärung der Erfüllung vom Versicherer oder (Ober)vermittler
  - Annexvertrieb, § 34d IX GewO → Keine besondere Qualifikation

Kapitalanlage
- Finanzinstrumente
  - Grundsätzlich alle FDL-Unternehmen → Persönliche und fachliche Eignung des Leitungspersons als
  - Ausnahmen:
    - Gebundene Vermittler, § 2 X KWG i.V.m. § 34c V 3a) GewO → Vertretenes Unternehmen soll angemessene Qualifikation bei Registrierung bestätigen
    - Ausschließlichkeitsvermittler von Investmentfondsanteilen
- Geschlossene Fonds → Keine besondere Qualifikation

Bausparen → Keine besondere Qualifikation

Kredit → Keine besondere Qualifikation

Anhang 2: Erforderliche Berufsqualifikationen für die Vermittlung von Finanzprodukten

Zulassungsvoraussetzung: Erlaubnispflicht

Versicherung

§ 34d GewO

- **Grundsätzlich alle Vermittler**: Erlaubnispflicht (Zuverlässigkeit, geordnete Vermögensverhältnisse, Berufshaftpflichtversicherung, Sachkunde)

- **Ausnahmen**:
  - **Gebundene Vermittler, § 34d IV**: Keine Erlaubnispflicht, freies Gewerbe § 14 GewO, haftungsübernehmendes Unternehmen muss Zuverlässigkeit, Vermögensverhältnisse und Qualifikation gewährleisten
  - **"Produktakzessorische" Vermittler, § 34d III GewO**: Auf Antrag ohne Erlaubnis, wenn Auftraggeber Erlaubnis hat, Berufshaftpflichtversicherung besteht und Zuverlässigkeit / Qualifikation vom Auftraggeber erklärt wird
  - **Annexvertrieb, § 34d IX GewO**: Keine Erlaubnispflicht

Kapitalanlage

Finanzinstrumente

§ 32 KWG

- **Grundsätzlich alle FDL-Unternehmen**: Erlaubnispflicht (Zuverlässigkeit, fachliche Eignung der Leitung, entsprechender Geschäftsplan, Mindestsummen für das Anfangskapital § 33 KWG)

- **Ausnahmen**:
  - **Gebundene Vermittler, § 2 X KWG i.V.m. § 34c V 3a) GewO**: Keine Erlaubnispflicht, bloß freies Gewerbe § 14 GewO, von § 32 KWG ausgenommen, da kein Finanzdienstleistungsinstitut
  - **Ausschließlichkeitsvermittler von Investmentfondsanteilen**: Erlaubnispflicht nur nach § 34c GewO, also Zuverlässigkeit, kein Qualifikationsnachweis, Haftpflichtversicherung Ausnahme

Geschlossene Fonds

§ 34c GewO: Erlaubnispflicht nur nach § 34c GewO, also Zuverlässigkeit, kein Qualifikationsnachweis, Haftpflichtversicherung Ausnahme

Bausparen

§ 14 GewO: Keine Erlaubnis freies Gewerbe (Ausnahme: Bausparsofortdarlehen)

Kredit

§ 34c GewO: Erlaubnispflicht nur nach § 34c GewO (Zuverlässigkeit, keine Qualifikation oder Berufshaftpflichtversicherung)

Anhang 3: Gesetzliche Erlaubnispflichten für die Vermittlung von Finanzprodukten

Es wird vereinbart, dass die Versicherung im Rentenbezug durch eine erhöhte laufende Überschussbeteiligung an den Bewertungsreserven beteiligt ist. Derzeit deklariert sind zusätzlich 0,2 % dynamische Rentenerhöhung. Dies wird bei der Berechnung der Überschussrenten in folgender Tabelle bereits berücksichtigt:

Zum Ende der Ansparphase bei einer jährlichen Wertsteigerung der Fondsanteile von	Kapital-abfindung	**oder**	Gesamtrente zu Beginn des Rentenbezugs bei einem Steigerungssatz p.a. von				
			0 % (nicht-dynamisch)	oder	1,00 % (teil-dynamisch)	oder	2,70 % (dynamisch)
0,00 %	49.878		252	oder	220	oder	171
3,00 %	80.308		405	oder	355	oder	276
6,00 %	134.294		678	oder	593	oder	461
9,00 %	232.245		1.172	oder	1.025	oder	797

Die dargestellten Altersrenten basieren auf den derzeit aktuellen Rechnungsgrundlagen. Danach ergibt sich hier eine monatliche Rente von 34,32 Euro je 10.000 Euro des Wertes der Versicherung (Rentenfaktor). Bei Rentenbeginn werden wir diesen Rentenfaktor auf Basis der dann gültigen Sterbetafel neu berechnen. Mindestens werden wir aber den garantierten Rentenfaktor von 30,92 Euro verwenden.

Die Leistungen aus der Überschussbeteiligung können **nicht garantiert** werden. Um Ihnen dennoch einen Eindruck zu vermitteln, wie sich die zukünftigen Gesamtleistungen einschließlich der Überschussbeteiligung entwickeln können, haben wir in unserem unverbindlichen Beispiel rechnerisch angenommen, dass die für das Jahr 2010 festgesetzte Überschussbeteiligung während der gesamten Versicherungsdauer unverändert bleibt.

Anhang 4: Prognostizierte Ablaufleistungen eines Versicherers

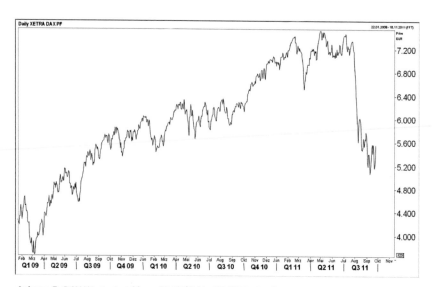

Anhang 5: DAX Wertentwicklung Q1 2009 bis Q3 2011, Quelle: Reuters

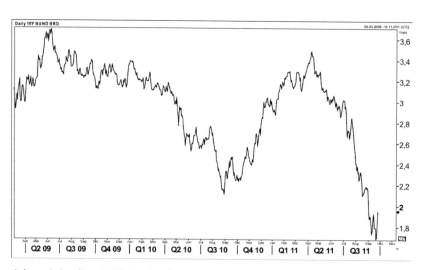

Anhang 6: Renditen 10-jähriger Bundesanleihen, Quelle: Reuters

Kostenelement	TER	Höhe der Kosten	Durchschnittskosten p.a.	Beschreibung
Ausgabeaufschlag	Nein	2% - 6%	0,2%	Verkaufsprovision, die dem Vermittler zukommt
Managementgebühr	Ja	Zwischen 1% und 2,5%	1,5%	Deckt die Kosten für Fondsmanagement und Research sowie Gewinnmarge der Fondsgesellschaft ab
Depotbankgebühr und sonstige Betriebskosten	Ja	Zwischen 0,30% und 1,0%	0,4%	Vergütung für die Depotbank der Fondsgesellschaft, weitere Kosten für Miete, Personal, etc.
Transaktionskosten (An- und Verkaufsgebühren)	Nein	Zwischen 0,5% und 3,0%	0,5%	Bei An- und Verkauf von Wertpapieren
Market Impact Kosten (Marktbeeinflussung)	Nein	Zwischen 0,5% und 3%	0,5%	Bei An- und Verkauf von großen Blöcken von Wertpapieren
Performanceabhängige Managementgebühr	Nein	Zwischen 0,5% und 2% der Überrendite	-	Fällt nur bei wenigen Fonds an
Echte Gesamtkosten			**3,4%**	

Anhang 7: Durchschnittskosten eines Investmentfonds

	Hohe Risiko-Rendite-Erwartung					Niedrige Risiko-Rendite-Erwartung				
	Portfolio									
	1	2	3	4	5	6	7	8	9	10
Risikofreie Anlage	0 %	10 %	20 %	30 %	40 %	50 %	60 %	70 %	80 %	90 %
Weltportfolio	100 %	90 %	80 %	70 %	60 %	50 %	40 %	30 %	20 %	10 %
max. geschätzter Verlust p.a.	25 %	22 %	20 %	17 %	14 %	9 %	8 %	6 %	4 %	2 %
max. kumulativer Verlust über 2 Jahre	45 %	40 %	36 %	31 %	25 %	16 %	14 %	11 %	7 %	3 %
Langfristige, real zu erwartende Rendite	9,2 %	8,3 %	7,8 %	7,2 %	6,6 %	6,0 %	5,3 %	4,6 %	3,8 %	2,9 %
Mindestanlagehorizont (Jahre)	11	10	9	8	7	6	5	4	3	2

Anhang 8: Ermittlung einer optimalen Depotmischung (Asset-Allokation)

Durch den Abschluss und die Verwaltung dieses Vertrags fallen Kosten an, die in dem Beitrag von jährlich 1.800,00 Euro bereits enthalten sind. Die Kosten Ihres Vertrags bestehen zum einen aus einem einmaligen Betrag von 2.160,00 Euro (4,0 % der Summe der während der vereinbarten Vertragslaufzeit zu zahlenden Beiträge). Er wird gemäß § 169 Abs. 3 Versicherungsvertragsgesetz gleichmäßig auf die ersten 5 Vertragsjahre verteilt. Daraus ergibt sich für diesen Zeitraum ein jährlicher Betrag von 485,88 Euro. Zum anderen sind weitere Beträge von monatlich 12,90 Euro - dies entspricht jährlich 154,80 Euro - für die Dauer der Beitragszahlung eingerechnet. Während der Dauer der Vertragslaufzeit sind zusätzlich jährlich 2 ‰ des Fondsguthabens einkalkuliert. Dies entspricht beispielsweise 20 Euro bei 10.000 Euro Fondsguthaben.

Aus besonderen, von Ihnen veranlassten Gründen können weitere Kosten entstehen. Zum Beispiel, wenn wir Sie wegen Beitragsrückständen mahnen müssen.

Anhang 9: Beispiel für die Kostendarstellung der Versicherer

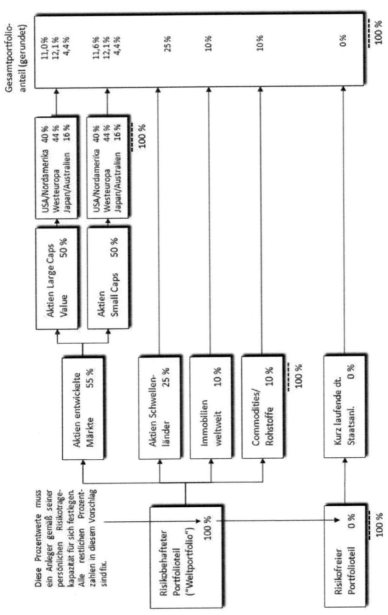

Anhang 10: Gestaltung einer globalen Asset-Allokation mit Berücksichtigung der Risikobereitschaft (Weltportfolio)

Berechnungsparameter	Sparplan Bank	Bruttopolice	Nettopolice
Einmaliger Anlagebetrag	4.200,00 €	4.200,00 €	0,00 €
Monatsbeitrag	150,00 €	150,00 €	150,00 €
Laufzeit in Jahren (in Jahren)	30	30	30
Beitragszahlungsdauer (in Jahren)	30	30	30
Dynamik	0	0	0
Jährliche Wertentwicklung	6,00%	6,00%	6,00%
Eintrittsalter	30	30	30

Kostenrelevant

Ausgabeaufschlag	5,00%	0,00%	0,00%
Laufende Kosten der Fondsanlage p.a.	3,50%	3,50%	0,50%
Abschlusskosten (Alphakosten)	0,00%	4,00%	0,00%
Verwaltungskosten, einmaliger Anlagebetrag	0,00%	5,50%	1,50%
Verwaltungskosten des Versicherers	0,00%	9,00%	4,00%
Fondskosten des Versicherers	0,00%	0,20%	0,30%
Stückkosten	0	0	12
Einmaliges Honorar zu Beginn	0,00 €	0,00 €	4.212,00 €
Monatliches Betreuungshonorar	0,00 €	0,00 €	0,00 €
Honorarfinanzierung	Nein	Nein	Nein

Steuerrelevant

Abgeltungssteuer	25,00%	25,00%	25,00%
Solidaritätszuschlag	5,50%	5,50%	5,50%
Kirchensteuer	9,00%	9,00%	9,00%
60/12 Regel	Nein	Ja	Ja
Gesamte Steuern	28,63	28,63	28,63
Persönlicher Einkommenssteuersatz	0	35	35
Gesamte persönliche Steuern	0,00%	40,08%	40,08%
Jährliche Umschichtungsquote	10,00%	0,00%	0,00%

Anhang 11: Berechnungsparameter für die Vergleichsrechnung zwischen einem Provisionsprodukt und einem Nettoprodukt

Eingesetztes Kapital	Fondsparplan Bank	Bruttopolice	Nettopolice
Summe der laufenden Beiträge	54.000,00 €	54.000,00 €	54.000,00 €
Einmaliger Anlagebetrag	4.200,00 €	4.200,00 €	0,00 €
Einmaliges Honorar zu Beginn	0,00 €	0,00 €	4.200,00 €
Summe Betreuungshonorar	0,00 €	0,00 €	0,00 €
Summe des eingesetzten Kapitals	58.200,00 €	58.200,00 €	58.200,00 €

Summe der Kosten

	Fondsparplan Bank	Bruttopolice	Nettopolice
Einmaliges Honorar zu Beginn	0,00 €	0,00 €	4.200,00 €
Summe Betreuungshonorar	0,00 €	0,00 €	0,00 €
Ausgabeaufschlag	2.771,43 €	0,00 €	0,00 €
Kosten der Fondsanlage	40.545,87 €	35.264,72 €	9.378,87 €
Kosten für den Versicherer	0,00 €	9.413,89 €	6.493,69 €
Summe	43.317,30 €	44.678,61 €	20.072,56 €

Summe der Steuern

	Fondsparplan Bank	Bruttopolice	Nettopolice
Laufende Steuern	766,93 €	0,00 €	0,00 €
Steuern bei Auszahlung	6.902,37 €	2.782,95 €	12.425,07 €
Summe	7.669,30 €	2.782,95 €	12.425,07 €

	Fondsparplan Bank	Bruttopolice	Nettopolice
Gesamtverminderung der Ablaufleistung durch Kosten	88.036,79 €	98.922,43 €	55.002,03 €
Gesamtverminderung der Ablaufleistung durch Steuern	8.413,74 €	2.782,95 €	12.425,07 €
Gesamtverminderung der Ablaufleistung Gesamt	96.450,53 €	101.705,38 €	67.427,11 €

	Fondsparplan Bank	Bruttopolice	Nettopolice
Ablaufleistung vor Steuern	81.462,98 €	72.088,71 €	116.009,10 €
Ablaufleistung nach Steuern	74.560,61 €	69.305,76 €	103.584,02 €

Prozentuale Mehrkosten zur Nettopolice

Fondssparplan Bank	43,04%
Bruttopolice	50,84%

Mehrablaufleistung der Nettopolice

Zum Fondssparplan bei der Bank (vor Steuern)	42,41%
Zum Fondssparplan bei der Bank (nach Steuern)	38,93%
zur Bruttopolice (vor Steuern)	60,93%
zur Bruttopolice (nach Steuern)	49,46%

Bedeutung für die Nettorendite

Zum Fondssparplan bei der Bank (vor Steuern)	2,00%
Zum Fondssparplan bei der Bank (nach Steuern)	1,49%
zur Bruttopolice (vor Steuern)	1,29%
zur Bruttopolice (nach Steuern)	1,06%
Nettopolice mit Honorar (vor Steuern)	3,97%
Nettopolice mit Honorar (nach Steuern)	**3,35%**

Anhang 12: Ergebnis der Vergleichsrechnung zwischen einem Provisionsprodukt und den Kosten einer Honorarberatung

Literaturverzeichnis

Monographien sowie Lehr- und Handwörterbücher

Bund der Versicherten (BdV): Versicherungen – Richtig auswählen und dabei sparen, 1. Auflage, München 2009

Farny, Dieter: Versicherungsbetriebslehre, 2. Auflage, Karlsruhe 1995

Gerling, Rolf: Ein Marketing-Konzept für Industrieversicherer, Bern/Stuttgart 1986

Grill, Wolfgang; Perczynski, Hans: Wirtschaftslehre des Kreditwesens, 40. Auflage, Troisdorf 2006

Karten, Walter: Versicherungsbetriebslehre – Kernfragen aus entscheidungsorientierter Sicht, Karlsruhe 2000

Kommer, Gerd: Souverän investieren mit Indexfonds, Indexzertifikaten und ETFs - Wie Privatanleger das Spiel gegen die Finanzbranche gewinnen, 2. Auflage, Frankfurt/Main 2007

Kommer, Gerd: Die Buy and Hold Bibel – Was Anleger für den langfristigen Erfolg wissen müssen, Frankfurt/Main 2009

Loeb, Gerald M.: The Battle for Investment Survival – Revised and Expanded Edition, New Jersey 2007

Klöckner, Bernd W.: Rechentraining für Finanzdienstleister – Altersvorsorge – Sparpläne - Finanzierungen, 6. Auflage, Wiesbaden 2009

Koch, Peter: Versicherungswirtschaft – Ein einführender Überblick, 5. Auflage, Karlsruhe 1998

Lukarsch, Gerhard: Formen des Versicherungsschutzes, 2. Auflage, Wiesbaden 1996

Ortmann, Mark: Kostenvergleich von Altersvorsorgeprodukten, Baden-Baden 2010

Rubinstein, Mark: Markowitz´s Portfolio Selection: A Fifty-Year Retroperspective in: The Journal of Finance, Ausgabe 57, 2002

Swensen, David F.: Erfolgreich investieren – Strategien für Privatanleger, 3. Auflage, Hamburg 2007

Umhau, Gerd: Vergütungssysteme der Versicherungsvermittlung im Wandel, Karlsruhe 2003

von Fürstenwerth, Frank; Weiß, Alfons: Versicherungsalphabet (VA) – Begriffserläuterungen der Versicherung aus Theorie und Praxis, 10. Auflage, Karlsruhe 2001

Weber, Martin: Genial einfach investieren – Mehr müssen Sie nicht wissen – das aber unbedingt, Frankfurt 2007

Fachzeitschriften, Studien und Arbeitspapiere

Advisor`s Edge: Rich Friends, Artikel von John J. Bowen, Jr., Copyright CEG Worldwide, 2005

Barber, Brad M.; Odean, Terrance: Trading is Hazardous to Your Wealth – The Common Stock Investment Performance of individual Investors, in: Journal of Finance, 2000

Blackrock: ETF Landscape - Global ETF and ETP asset growth, 2011

Bundesministerium für Ernährung, Landwirtschaft und Verbraucherschutz: Eckpunkte für eine gesetzliche Regelung des Berufsbildes der Honorarberatung (Thesenpapier), Berlin 2011

Bundesministerium für Gesundheit und Soziale Sicherung: Nachhaltigkeit in der Finanzierung der sozialen Sicherungssysteme, Berlin 2003

Evers & Jung: Anforderungen an Finanzvermittler – mehr Qualität, bessere Entscheidungen, im Auftrag des Bundesministeriums für Ernährung, Landwirtschaft und Verbraucherschutz, Hamburg 2008

Fama, Eugene: Efficient Capital Markets - A Review of Theory and Empirical Work, in: Journal of Finance, 1970

Fester, Thomas; Thum, Marcel: Pensionslasten – Bedrohung der zukünftigen Handlungsfähigkeit der Länder, iFo-Schnelldienst, München 2003

Financial Analysts Journal: Giraffes, Institutions and Neglected Firms, Vol. 39 No. 3, 1983

Franke, Nikolaus; Funke, Christian; Gebken, Timo; Johanning, Lutz: Provisions- und Honorarberatung, Vallendar/Wien/Kronberg im Taunus, 2011

Gesamtverband der Deutschen Versicherungswirtschaft (GDV): Die deutsche Lebensversicherungen in Zahlen, Geschäftsergebnisse, 2010

Goldman Sachs: Köpfe der Finanzmarkttheorie, in: KnowHow, Heft 7/2007

Goerz, Dietmar; Korn, Oliver; Perschke, Ronald: Honorarberatung – Ihre Möglichkeiten als Versicherungs- und Finanzvermittler, LexisNexis Verlag, Münster 2009

Honorarberatung: Honorarberatung in Skandinavien, Heft 1/2008

Institut für Versicherungswissenschaft: Nettotarifangebot deutscher Versicherungsunternehmen im Privatkundengeschäft, von: Beenken, Matthias; Brühl, Bernhard; Pohlmann, Petra; Schradin, Heinrich R.; Schröder, Nina; Wende, Sabine, Köln 2011

Makler Management AG: Maklertrendstudie 2010/2011: Zurück zur Normalität, 2011

MC4MS: Studie Honorarberatung, Ergebnispräsentation der Befragung von Kunden von Versicherungen, Banken/Sparkassen und Finanzvertrieben zum Thema Honorarberatung, September/Oktober 2009

MC4MS: Diskussionsbeitrag zur Honorarberatung in Deutschland, 2011

Modigliani, Franco; Miller, Merton H.: The Cost of Capital, Corporation Finance and the Theory of Investment, in: The American Economic Review, 1958

Prof. Weber GmbH: Honorarberatung in Deutschland – Ergebnisse einer Umfrage, 2011

Richter, Jörg: Grundsätze ordnungsmäßiger Finanzberatung, Bad Soden/Taunus 2001

Versicherungswirtschaft: Die Tücke lauert im Detail, Heft 4/2010

Versicherungsvertrieb: Bitte nicht Äpfel mit Birnen vergleichen!, Artikel von Mark Ortmann, Heft 2/2011

Versicherungsvertrieb: Irreführende Kennzahl, Artikel von Axel Kleinlein, Heft 2/2011

Vertriebserfolg: Auf dem Vormarsch: Immer mehr Makler setzen auf Honorarberatung!, Heft 10/2011

Westdeutscher Rundfunk: Ohne Moos nix los – Wie junge Menschen über Geld und Finanzen denken (Studie), 2011

Welt Kompakt (Hrsg.): Der Rentenschock ist sicher - Gesetzliche Altersbezüge steigen bis 2025 deutlich langsamer als die Einkommen, erschienen am 01.09.2011

Internetquellen

Ageas Lebensversicherung - Produktübersicht, elektronisch veröffentlicht [www.ageas.de/Produkte/myLife_Rente/Aktiv] Stand: 08.12.2011

Arbeitsgemeinschaft unabhängiger Versicherungsmakler, elektronisch veröffentlicht [http://www.auv.de/html/versicherungsmakler_sachwalter.html] Stand: 20.11.2011

Bocquel-News.de: Beratungsqualität lässt sehr zu wünschen übrig, elektronisch veröffentlicht [http://www.bocquel-news.de/news/Beratungsqualit %E4t%20I%E4sst%20sehr%20zu%20w%FCnschen %20%FCbrig.5295.php] Stand:15.10.2011

Börse Frankfurt: Swap-ETFs – Dividenden steuerfrei einstreichen, elektronisch veröffentlicht [http://www.boerse-frankfurt.de/DE/index.aspx? pageID=44&NewsID=507] Stand: 18.10.2011

Börse Stuttgart: Deutsche beim Thema Geld und Finanzanlagen verunsichert, elektronisch veröffentlicht [https://www.boerse-stuttgart.de/de/boersenplatzstuttgart/presse/pressemitteilungen/pres semitteilungen.html?id=410] Stand: 01.01.2012

Bundesverband der Versicherungsberater e.V.: Grundsätze der Berufsausübung, elektronisch veröffentlicht [http://www.bvvb.de/Content.aspx? content=12] Stand: 26.11.2011

Capital: Wann Honorarberatung lohnt, elektronisch veröffentlicht [http://www.capital.de/finanzen/banken-zinsen/:Renditevergleich-- Wann-Honorarberatung-lohnt/100030474.html_brr=3] Stand: 06.11.2011

CRSP: About CRSP, elektronisch veröffentlicht [http://www.crsp.com/crsp/about/index.html], Stand: 11.10.2011

DAS INVESTMENT.COM: Krankenversicherung: Deckelung der Vermittlerprovisionen beschlossen, elektronisch veröffentlicht [http://www.dasinvestment.com/berater/news/datum/2011/10/19/kr ankenversicherung-deckelung-der-vermittlerprovisionen- beschlossen/] Stand: 02.11.2011

DAS INVESTMENT.COM: Maschmeyer und die Politik: Ex-Bundesinnenminister legt nach, elektronisch veröffentlicht: [http://www.dasinvestment.com/berater/news/datum/2011/03/14/maschmeyer-und-die-politik-ex-bundesinnenminister-legt-nach/] Stand: 09.10.2011

DAS INVESTMENT.COM: Studie: Deutsche interessieren sich wieder mehr für die Altersvorsorge, elektronisch veröffentlicht [http://www.dasinvestment.com/nc/investments/versicherungen/news/datum/2011/08/26/studie-deutsche-interessieren-sich-wieder-mehr-fuer-die-altersvorsorge/] Stand: 15.11.2011

DAS INVESTMENT.COM: Woran erkennt man einen guten Finanzberater?, elektronisch veröffentlicht [http://www.dasinvestment.com/berater/news/datum/2010/05/21/finanzfrage-der-woche-woran-erkennt-man-einen-guten-finanzberater/] Stand: 14.12.2011

DB x-trackers: Produktinformationen der Deutschen Bank, elektronisch veröffentlicht [http://www.etf.db.com/DE/DEU/ETF/LU0397221945/DBX0BT/PORTFOLIO_TR_INDEX_ETF.html?pketf=118&strdisclaimerleverage=&strdisclaimereonia=&stinvestortyp=privinv] Stand: 18.10.2011

DER TAGESSPIEGEL: „Die Menschen verstehen nicht, was sie unterschreiben", Interview mit dem Richter Günter Hirsch, elektronisch veröffentlicht [http://www.tagesspiegel.de/wirtschaft/die-menschen-verstehen-nicht-was-sie-unterschreiben/4473776.html] Stand: 13.10.2011

Deutscher Bundestag: Gesetzesentwurf der Bundesregierung: Entwurf eines Gesetzes zur Förderung und Regulierung einer Honorarberatung über Finanzinstrumente (Honoraranlageberatungs-gesetz), elektronisch veröffentlicht [http://dip21.bundestag.de/dip21/btd/17/122/1712295.pdf] Stand: 3.05.2013

Die Bank: Erfolgsfaktoren der Honorarberatung, elektronisch veröffentlicht [http://www.die-bank.de/banking/erfolgsfaktoren-der-honorarberatung] Stand: 01.11.2011

Frankfurter Allgemeine Zeitung: Finanzaufsicht nimmt sich Ergo vor, elektronisch veröffentlicht [http://www.faz.net/aktuell/wirtschaft/unternehmen/skandale-finanzaufsicht-nimmt-sich-ergo-vor-12259.html] Stand: 13.11.2011

Frankfurter Allgemeine Zeitung: Verwirrspiel um die Offenlegung von Gebühren und Provisionen, elektronisch veröffentlicht [http://www.faz.net/aktuell/finanzen/vermoegensfragen/die-vermoegensfrage-verwirrspiel-um-die-offenlegung-von-gebuehren-und-provisionen-1999303.html] Stand: 11.11.2011

Handelsblatt: Mit TER die Kosten im Griff, elektronisch veröffentlicht [http://www.handelsblatt.com/finanzen/fonds/nachrichten/mit-ter-die-kosten-im-griff/2995234.html?p2995234=all] Stand: 13.11.2011

Handelsblatt: Schlechte Altersvorsorge kostet 50 Milliarden, elektronisch veröffentlicht [http://www.handelsblatt.com/finanzen/fonds/nachrichten/bundesbank-warnt-anleger-vor-banken/3766778.html?p3766778=all] Stand: 03.11.2011

Handelsblatt: Überteuerte Produkte - Bundesbank warnt Anleger vor Banken, elektronisch veröffentlicht [http://www.handelsblatt.com/finanzen/recht-steuern/anleger-und-verbraucherrecht/riester-lebenpolicen-immobilien-schlechte-altersvorsorge-kostet-50milliarden-/v_detail_tab_print/7562862.html] Stand: 07.01.2013

HonorarKonzept GmbH: Über uns, elektronisch veröffentlicht [http://www.honorarkonzept.net/%C3%9Cberuns.aspx] Stand: 21.12.2011

Institut für Transparenz in der Altersvorsorge (ITA): Presseinformation - Keine Kostentransparenz im deutschen Versicherungsmarkt, elektronisch veröffentlicht [http://www.ita-online.info/Content/downloads/PM_Studie_Kostentransparenz.pdf] Stand: 25.11.2011

Manager-Magazin.de: Das wird ein Vermittlersterben geben, elektronisch veröffentlicht [http://www.manager-magazin.de/finanzen/versicherungen/0,2828,795078-3,00.html] Stand: 02.11.2011

Morningstar: Geringe Kosten sind das beste Investment, elektronisch veröffentlicht [http://www.morningstar.de/de/news/99292/p_article.aspx] Stand: 15.11.2011

Portfolio International: Schlechte Noten für Finanzberater, elektronisch veröffentlicht [http://www.portfolio-international.de/no_cache/newsdetails/article/schlechte-noten-fuer-finanzberater.html?type=98&print=1] Stand: 13.11.2011

ProContra-online.de: Lasst den Vergleich beginnen!, elektronisch veröffentlicht [http://www.procontra-online.de/2009/10/berater/lasst-den-vergleich-beginnen/all/1/] Stand: 08.11.2011

Protektor-AG: Sicherungsfonds für die Lebensversicherer, elektronisch veröffentlicht [http://www.protektor-ag.de/sicherungsfonds/23.aspx] Stand: 23.10.2011

RP Online: Ergo: 50 Millionen für Werbekampagne, elektronisch veröffentlicht [http://nachrichten.rp-online.de/wirtschaft/ergo-50-millionen-euro-fuer-markenkampagne-1.82039] Stand: 13.11.2011

Smarter-Investieren.de: Die Kosten des Investmentfonds, elektronisch veröffentlicht [http://www.smarter-investieren.de/informations/ter_intro.php] Stand: 13.11.2011

Spiegel Online – Wirtschaft: Kaum ein Deutscher versteht die Finanzwelt, elektronisch veröffentlicht [http://www.spiegel.de/wirtschaft/service/0,1518,796561,00.html] Stand: 09.11.2011

Stiftung Warentest: Anlageformen auf einen Blick, elektronisch veröffentlicht [www.test.de/themen/versicherung-vorsorge/special/Altersvorsorge-Optimal-abgesichert-1163087-1197602/] Stand: 15.10.2011

Sueddeutsche.de (Hrsg.): Die Billionen-Vernichter, elektronisch veröffentlicht [http://www.sueddeutsche.de/geld/2.220/geldanlage-fondsmanager-die-billionen-vernichter-1.1092800] Stand: 18.10.2011

VDH GmbH: Über uns, elektronisch veröffentlicht: [http://www2.verbund-deutscher-honorarberater.de/index.php?article_id=9264] Stand: 29.12.2011

Verbraucherzentrale Baden-Württemberg: Gute Altersvorsorgeberatung erkennen!, elektronisch veröffentlicht [http://www.vz-bawue.de/mediabig/61311A.pdf] Stand: 11.10.2011

Versicherungsmagazin: Unbeliebte Berufe: Der Versicherungsvermittler führt die Hitliste an, elektronisch veröffentlicht: [http://www.versicherungsmagazin.de/Aktuell/Nachrichten/195/14569/Unbeliebte-Berufe-Der-Versicherungsvermittler-fuehrt-die-Hitliste-an.html] Stand: 15.11.2011